ISIDRO LAPUENTE ÁLVAREZ

LIDERAZGO Y RENDIMIENTO DEPORTIVO

DEDICATORIA

A Giovana, liderazgo de vida y amor.

ÍNDICE

1. LIDERAZGO Y RELACIÓN HUMANA EN EL DEPORTE

1.1. COMUNICACIÓN Y RELACIÓN HUMANA. CONOCER A LOS DEMAS.

1.1.1. El proceso de comunicación: elementos y factores. Características de la comunicación

La comunicación es fundamentalmente un intercambio reglado de mensajes, de información, realizado a través de códigos: mensajes con significado interpretable a través de un código.

Los diversos tipos de comunicación son:

- Verbal: oral (hablar, escuchar), escrita (escribir, leer)
- No verbal: postura, estos, distancia, mirada, movimientos y componentes fisiológicos (respiración, frecuencia cardiaca, sudor, flujo sanguíneo, activación muscular).
- Paraverbal: voz, fluidez verbal, silencios, pausas, velocidad, tiempo.

Y como principal axioma de la comunicación hay que recalcar que *"No es posible no comunicarse"* por lo que cualquier comunicación muestra un aspecto referencial y otro relacional.

Se puede decir en ese sentido que existe una conducta informativa, donde existe un código compartido entre emisor y receptor; y una conducta comunicativa donde no hay un código compartido y la conducta es interpretada por el receptor.

Por ello podemos concluir que la comunicación es la puesta en común de un mensaje, y así mismo el proceso mediante el cual se realiza el intercambio de ideas, pensamientos, opiniones, y en general, de información.

A partir de este punto, es necesario diferenciar tres conceptos fundamentales:

- Comunicación
- Atención
- Información

La comunicación es el sistema de comportamiento integrado que regulariza, mantiene y hace posible las relaciones entre las personas. Intercambio de ideas, intenciones, sentimientos entre dos o más personas.

En toda comunicación hay hechos, opiniones y sentimientos:

	HECHOS	OPINIONES	SENTIMIENTOS
EJEMPLO	No llueve	Hace un buen día	¡Qué gozada¡
SON:	Comprobables	Discutibles	Personales e intransferibles
PROVIENEN DE:	La realidad	La experiencia	La ideología
DEBEN	Demostrarse	Argumentarse	Tolerarse
PUEDEN	Analizarse	Entenderse Rebatirse	Compartirse Respetarse
LO MÁS EFICAZ ES:	Centrarse en ellos	Evitar polémicas innecesarias	Aceptarse aunque no se compartan

En la comunicación es tan importante el componente racional-intelectual como el emocional-afectivo. La significación en la comunicación depende de: sensaciones y percepciones, motivaciones y deseos, emociones y sentimientos, pensamientos e ideas, opiniones y creencias, conductas y experiencias, actitudes y valores.

Los niveles neurológicos según los investigadores en Programación Neurolingüística (PNL) son: identidad, valores, creencias, capacidades, conductas, acciones. Donde la identidad es *lo que yo soy en función de...*; los valores definen las cualidades de las personas y las creencias es la manifestación de mi experiencia. En ese sentido, los valores pasarán a ser principios de la persona por generalización y estabilidad en el tiempo y en la forma. Parece claro, por tanto, que para una buena comunicación hay, necesariamente, que conocer a los demás, a los otros, a nuestros entrenados.

Otros axiomas en la comunicación lo conforman la atención y la empatía. La atención, Implica acogida, solidaridad. Para prestar atención es necesario que se cumpla un requisito: que se produzca. Por su parte la empatía, tiene que ver con la capacidad para ponerse en el lugar del otro. *"Empatía es la capacidad de percibir la experiencia objetiva de otra persona"*, como bien nos dice Goleman.

Otro aspecto determinante en la mejor comunicación son las motivaciones: se presta más atención a lo que nos motiva. Nos comunicamos a partir de los juicios previos con los que hemos ido conformando la realidad y los conceptos. Los estereotipos que hemos ido conformando son poderosos filtros que sesgan la realidad. Las expectativas.

El pensamiento y el lenguaje están unidos de forma necesaria: la forma en que nos expresamos habla sobre nosotros mismos; nuestras ideas se convierten en palabras. Las emociones, a su vez, modulan la conducta.

La comunicación interpersonal parte de nuestro estilo de comunicación: nuestro estilo de comunicación tiene que ver mucho con nuestro carácter y la forma de ver el mundo. Comunicar es hacer partícipes a otras personas de nuestros pensamientos, sentimientos y conductas.

Por lo tanto, el dominio del lenguaje contribuye a garantizar la eficacia de la comunicación. La comunicación requiere del control emocional y de la educación, por lo que es necesario conocer la estructura del lenguaje.

La estructura del lenguaje está formada por 4 componentes principales del lenguaje (Chomsky):

1. Fonológico o fonético, sonidos articulados
2. Sintáctico o gramático, construcción de la oración
3. Semántico, significado de signos
4. Pragmático, contexto personal, cultural, social.

1.1.2. El lenguaje y sus funciones. La estructura del lenguaje

Funciones del lenguaje:

- Representativa: afirmar, preguntar
- Expresiva: manifestar sentimientos
- Conativa: influir sobre el receptor
- De contacto: continuidad
- Metalingüística: analizar y preguntar sobre el propio lenguaje, preguntando sobre el significado de las palabras
- Estética: belleza y expresión artística

Elementos implicados en el proceso de la comunicación: emisor, receptor, mensaje, contexto, filtros, barreras, respuesta, feedback, código, canal. Si bien en toda comunicación puede haber interferencias, por lo que es conveniente utilizar dos técnicas básicas:

- la escucha activa
- la reformulación

Asimismo, hay que tener en cuenta que todo proceso de comunicación se degrada de manera natural: una cosa es lo que se quiere decir, otra lo que se dice, lo que el otro oye, lo que comprende., lo que retiene, lo que contesta, y lo que se pierde. Por lo que finalmente lo que se comunica queda en un porcentaje muy bajo con respecto a las expectativas que se tienen en el comienzo del proceso comunicativo-informativo-formativo.

Elementos del acto comunicativo:

- Emisor: es quien comunica.
- Receptor: es el que recibe el mensaje.
- Un mensaje.
- El canal.
- Un entorno o contexto espacio-temporal.
- Un sistema de retroalimentación. Interferencias. Refuerzo o gratificación.

Mensaje: El mensaje representa la información que el emisor desea transmitir al receptor, y que contiene los símbolos verbales (orales o escritos) y claves no verbales que representan la información que el emisor desea trasmitir al receptor. El mensaje emitido y el recibido no necesariamente son los mismos, ya que la codificación y decodificación del mismo pueden variar debido a los antecedentes y puntos de vista tanto del emisor como del receptor. Los mensajes son la expresión de ideas (contenido), puestas en determinada forma (tratamiento mediante el empleo de un código).

Existen algunos aspectos que deben tomarse en cuenta cuando se elabora un mensaje: Tener en mente al receptor. Pensar el contenido con anticipación. Ser breve. Organizar el mensaje cuidadosamente: lo más importante debe ir al principio. Así el tema será más claro.

Canal: El canal es el medio por el cual se trasmite en mensaje. Éste puede ser una conversación, un medio escrito, electrónico, etc. No todos los canales poseen la misma capacidad para trasmitir información. Los documentos formales (como gráficas o informes presupuéstales) tienen una capacidad de transmisión baja, y una conversación personal tiene una alta capacidad de transmisión de información, ya que involucra tanto comunicación verbal como no verbal. Los canales de comunicación pueden ser formales o informales. En la vida organizacional, en los clubes deportivos, los canales formales son aquellos como cartas, correos electrónicos, etc., en donde se transmite información sobre aspectos de entrenamiento, de competición, etc. Los canales informales, por su parte, son las redes de comunicación que se llevan a cabo a través de interacción social, con preguntas, comentarios, etc.

Codificador: Codificar el mensaje consiste en traducir la idea en palabras, gráficas u otros símbolos adecuados para dar a conocer el mensaje. El emisor escoge el código a fin de organizar las palabras y los símbolos en una forma que facilite el tipo de transmisión. Existen diferentes tipos de códigos, como el idioma español, el lenguaje de los sordomudos, la clave Morse, las letras, etc. También existen los códigos de grupos especiales, como la policía, los pilotos, abogados, etc., que tienen una manera especial de trasmitir sus mensajes. Existen muchos códigos en la comunicación: símbolos visuales, gestos, señales con las manos, lenguaje, escritura, etc. Debemos elegir un código cuando nos comunicamos. El código que normalmente usamos es el verbal, el lenguaje.

Existen 5 principios para precisar la codificación del mensaje:

- Pertinencia: el mensaje debe tener contenido y significado, por lo tanto, se seleccionan cuidadosamente las palabras, gráficas o los símbolos que lo conforman.

- Sencillez: formular el mensaje de la manera más sencilla posible.

- Organización: el mensaje debe disponerse en una serie de puntos que faciliten su comprensión. Concluir cada punto que se elabore.

- Repetición: los puntos principales del mensaje deben formularse al menos dos veces.

- Enfoque: el mensaje debe ser claro; se debe prescindir de los detalles innecesarios.

Por lo tanto, el qué y el cómo hablemos dependerá del contenido de la información, que debe ser: relevante; suficiente; adecuado en estructura, orden y claridad; así como preciso (correcto, fiable, veraz).

La forma en que se dicen las cosas condiciona mucho la comunicación. La palabra tiene mucho poder. La forma en que nos expresamos dota de un significado preciso a las palabras y determina nuestras relaciones interpersonales.

El pensamiento, el lenguaje y la conducta se hallan estrechamente vinculados entre sí. Las palabras crean realidades, despiertan ideas, fomentan actitudes, hacen aflorar emociones. *"Escuchar al otro es dejarle ser"*. El desarrollo del lenguaje para el ser humano significo el desarrollo de su inteligencia, de su pensamiento, de su capacidad de abstracción.

Ámbitos de la comunicación:

a) Ámbito personal,
b) Ámbito académico,
c) Ámbito laboral,
d) Ámbito social.

a) **Ámbito personal**: La comunicación está estrechamente relacionada con la psicología del individuo, con su experiencia vital, con la manera de concebir el mundo y de relacionarse con los demás. Es un elemento clave en el desarrollo personal. El ser humano es un ser social que se relaciona, que aprende, que crece intelectualmente y emocionalmente. Y la herramienta principal para ello es la comunicación.
b) **Ámbito académico**: La comunicación es la principal herramienta de transmisión de conocimientos.
c) **Ámbito laboral**: En las organizaciones, clubes, equipos deportivos, el intercambio de información es continuo y hace necesaria la coordinación de esfuerzos y la optimización del trabajo en equipo. La eficacia y el logro de objetivos en las organizaciones dependen en gran medida de la cantidad y calidad de las comunicaciones que se establecen.
d) **Ámbito social**: Los vínculos y las relaciones que mantenemos con los demás vienen marcados por la comunicación.

Escuchar es una cuestión de actitud y predisposición. De estar pendiente de la otra persona, entender su dialogo, vivir su experiencia a través de sus palabras, vivir el mundo a través de su mirada. Hacerse cargo de lo que nos están diciendo. Hablar es una necesidad, escuchar un arte.

El punto de partida de una comunicación eficaz está en la escucha:

- Formular preguntas dejando tiempo al interlocutor para que piense y responda
- No interrumpir y asentir.
- Repetir y reformular lo dicho por el interlocutor

El enfoque sistémico:

La comunicación solo tiene sentido analizada dentro del sistema donde tiene lugar: los entornos familiar, académico, social y laboral configuran sistemas diferentes en los que también desempeñamos papeles diferentes. Nuestra comunicación depende del sistema con el que interactuamos y del papel que desempeñamos en el mismo.

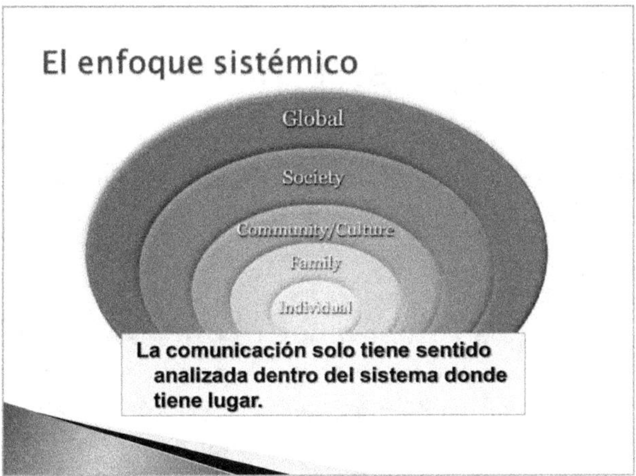

En entornos diferentes, la comunicación será diferente. Según el tipo de relación que se haya establecido y mantenido previamente con ellas.

> *"El hombre es hombre en cuanto que es capaz de hablar."*
> Martin Heidegger.

> *"El lenguaje es una especie de estructura latente en la mente humana, que se desarrolla y fija por exposición a una experiencia lingüística específica."*
> Noam Chomsky

Se habla de **lenguaje** siempre que se encuentran un conjunto de signos de la misma naturaleza, cuya función primaria es permitir la comunicación entre organismos. Lenguaje de las abejas, del lenguaje de la música, del lenguaje de las flores, del lenguaje de los colores y hasta del "lenguaje del amor". Pero: ¿Qué es lo que tienen en común todos estos supuestos lenguajes?

- Que esos signos sean de la misma naturaleza

- Que sirvan primordialmente a la comunicación de un grupo de organismos entre sí.

El lenguaje es una categoría abstracta con la que se designa la comunicación de una información dada a través de diferentes medios. El lenguaje emplea signos que transmiten significados. El lenguaje humano tiene la capacidad de articular los signos formando estructuras complejas que adquieren nuevas capacidades de significación.

El lenguaje es un medio de comunicación, exclusivo de los seres humanos. Todos nos valemos de él y el éxito o el fracaso que tengamos, en los distintos aspectos de nuestras vidas, dependerá, en gran parte, de la forma en que lo usemos. En nuestra mente, pueden anidar ideas ricas, diferentes, exclusivas, pero de nada servirán, si no somos capaces de trasmitirlas. No siempre tenemos conciencia de esto.

Aprender lengua es aprender a comunicarse con efectividad, es saber trasmitir a los demás nuestros pensamientos, es lograr comprender los de nuestros semejantes.

Concepto de la lengua y del habla:

- Lengua: sistema abstracto que recoge las unidades y reglas de conversación que los hablantes disponen para formar su mensaje. Por tanto, equivale al código y es común a todos los hablantes de un idioma, tiene un carácter social.
- Habla: es el uso concreto e individual que cada individuo hace de la lengua, por tanto, los mensajes una vez codificados y emitidos pertenecen al ámbito del habla, carácter individualista frente al componente social de la lengua.

Funciones del lenguaje según Román Jakobson:

El lenguaje tiene 6 funciones:

1. Función Emotiva
2. Función Conativa
3. Función Referencial
4. Función Metalingüística
5. Función Fática
6. Función Poética

1. **Función emotiva**: el mensaje que emite el emisor hace referencia a lo que siente, su yo íntimo, predominando él, sobre todos los demás factores que constituyen el proceso de comunicación. Interjecciones y oraciones exclamativas: Ej.: - ¡Ay! ¡Qué dolor de cabeza!¡Qué gusto de verte! ¡Qué rico el postre!

2. **Función Conativa**: el receptor predomina sobre los otros factores de la comunicación, pues la comunicación está centrada en la persona del tú. Oraciones imperativas e interrogativas. Pedro, haga el favor de traer más café ¿Trajiste la carta? Andrés, cierra la ventana, por favor.

3. **Función referencial**: El acto de comunicación está centrado en el contexto. Se utilizan oraciones declarativas o enunciativas, pudiendo ser afirmativas o negativas. El hombre es animal racional. La fórmula del Ozono es O3. No hace frío. Las clases se suspenden hasta la tercera hora.

4. **Función metalingüística**: Se centra en el código mismo de la lengua. Es el código el factor predominante. Pedrito no sabe muchas palabras y le pregunta a su papá: ¿Qué significa la palabra "canalla"? Ana se encuentra con una amiga y le dice: Sara, ¿A qué operación quirúrgica te refieres?

5. **Función fática**: Consiste en iniciar, interrumpir, continuar o finalizar la comunicación. Buenos días, ¡Hola!, ¿Cómo estás?

6. **Función poética**: Se utiliza preferentemente en la literatura. El acto de comunicación está centrado en el mensaje mismo. "Bien vestido, bien recibido" "Casa Zabala, la que, al vender, regala"

La comunicación de una persona para que sea realmente efectiva, debe ser armónica, equilibrada en: lenguaje escrito (a través de la escritura). lenguaje oral (conversaciones, discursos, conferencias, charlas). lenguaje corporal (movimientos del cuerpo en el espacio, gestos faciales, de manos, etc.)

1.1.3. Estilos de comunicación. La asertividad

Habilidades sociales y comunicación asertiva.

La asertividad es un componente esencial para el equilibrio en las relaciones humanas. Asertividad es autoafirmación, es la expresión íntegra de mis sentimientos. La persona asertiva expresa sus opiniones y defiende sus derechos sin imposición ni sometimiento y sin provocar rechazo en los demás, a los que escucha y atiende. Tiene comunicación fluida y solución de conflictos, genera un clima favorecedor de relaciones armónicas y satisfactorias.

INHIBIDO	ASERTIVO	AGRESIVO
Sometimiento	Liderazgo personal	Dominación
Actitud defensiva	Autoafirmación	Ataque
Aceptación	Valoración	Rechazo
Neutralidad	Positivismo	Negativismo
Indecisión	Decisión	Imposición
Minusvaloración	Autoestima	Sobrevaloración

Habilidades sociales: conjunto de competencias y conductas que se ponen en práctica en las relaciones interpersonales. Es Saber decir NO¡¡¡¡

Comunicación asertiva es la respuesta oportuna y directa, que respeta la posición propia y la de los demás, que es honesta y mesurada para con los involucrados.

Los niños por excelencia son muy asertivos, van directo a sus necesidades y sentimientos y se caracterizan por ser descriptivos en sus percepciones u opiniones, de allí que no hagan juicios o evaluaciones de la conducta de los otros, solo la describan. De ellos hay que aprender.

INHIBIDO	ASERTIVO	AGRESIVO
Ansiedad	Relajación	Reactividad
Autcontencion	Autocontrol	Descontrol
Miedo	Valor	Temeridad
Inestabilidad	Equilibrio	desequilibrio
Retraimiento	Afirmación	Exigencia
Sumisión	participacion	Autoritarismo
Inseguridad	Seguridad	Autosuficiencia
Pasividad	Actividad	Hiperactividad
Acatamiento	Información	Amenaza
Timidez	Sociabilidad	Sociopatia
Sobredependencia	Dependencia	Independencia
Evitación	Colaboración	Competición
Autoinculpación	Ecuanimidad	Culpabilización
Escucha	Dialogo	Monologo
Autodesprecio	Aprecio	Desprecio
Reactividad	Actividad	Proactividad

La comunicación asertiva es:

- manifestar la negativa con serenidad, no con enfado ni agresivamente.

- repetir las expectativas de forma persistente

- evitar dejarse convencer por argumento irrelevantes

- nos comunicamos casi exigiendo que se admita y acepte la verdad, y los demás también tienen su verdad: lo primero son las personas y después las ideas.

Por otra parte, existen las llamadas barreras en la comunicación:

- **Psicológicas**: Emociones. Valores. Hábitos de conducta. Percepciones. Físicas: ruidos.
- **Semánticas**: Símbolos (palabras, imágenes, acciones) con diferentes significados.

Otras especies de barreras: Interrupciones. Cambios de tema. No escuchar. Interpretaciones. Responder a una pregunta con otra.

1.2. AUTOCONOCIMIENTO Y APRENDIZAJE EMOCIONAL. CONOCERSE UNO MISMO.

1.2.1. Gestión de las emociones: actitudes, creencias, valores

Las emociones son fenómenos psicofisiológicos que representan modos eficaces de adaptación a ciertos cambios de las demandas ambientales. Estado que nos mueve o dirige hacia o inhibe y que afecta tanto a las cogniciones como a la conducta y al propio estado biológico de los sujetos.

¿Para qué son necesarias? Para:

- Potenciar el bienestar personal y profesional
- Mejorar la toma de decisiones
- Gestionar procesos de cambio
- Ser innovadores
- Mejorar la comunicación
- Desarrollar la responsabilidad social
- Alcanzar los objetivos

Y, asimismo, para potenciar el talento, a través de gestionar las emociones, modificar hábitos, y consecuentemente la obtención del logro: "llegar a ser el que eres".

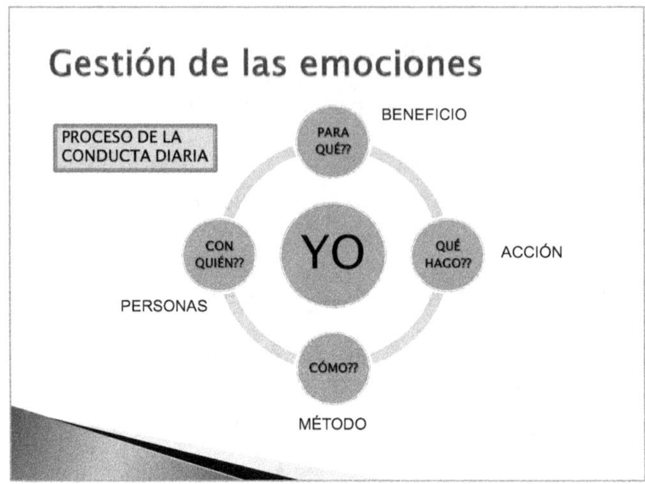

Gestionar mis emociones requiere de un aprendizaje emocional intencionado: *"la dignidad del proyecto depende de la dignidad de los valores"* (Marina). La relación entre la experiencia afectiva y los valores es lo que hace necesaria una educación afectiva.

- Gestionar mis emociones
- Generar conductas adecuadas
- Dirigirlas hacia mis objetivos
- Influir en las personas
- Compartir logros

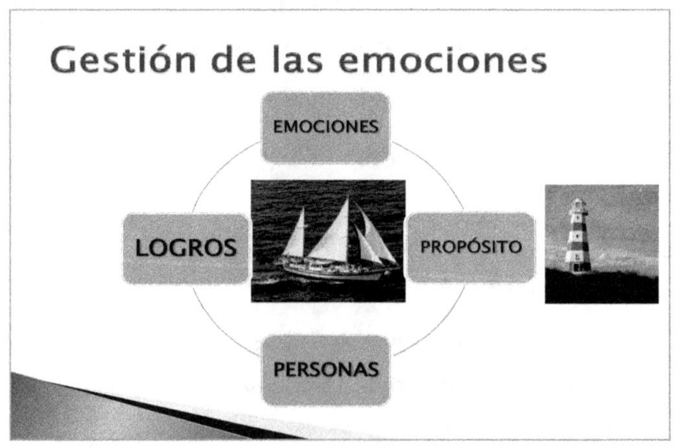

La experiencia afectiva unida a unos valores coherentes da lugar a la mejor educación afectiva. Llámese aprendizaje emocional o educación emocional o maduración emocional o inteligencia emocional, sólo si tengo en cuenta a los demás en mi proyecto de vida generará mayor competencia personal y mayor competencia social. Para lo que debo prestar especial atención a mis conductas, dominar mis emociones, escuchar activamente y en muchas ocasiones negociar:

> *"Si quieres ir rápido, ve solo, si quieres llegar lejos,*
> *ve bien acompañado."*

La motivación es importante, pero más necesario es generar voluntad, capacidad de tener la motivación dirigida por la inteligencia, por el aprendizaje. ¿Qué es mejor, decidir voluntariamente el propio comportamiento o estar a merced de cualquier incitación o movimiento del ánimo? Parece que es más conveniente tener voluntad:

> *"La disciplina es lo que primeramente transforma la animalidad*
> *en humanidad"* (Marina).

El bienestar psicosocial es un factor que queda determinado por la autorregulación emocional más la competencia social de la persona. Este bienestar implica autonomía y libertad en la medida en que nos damos órdenes inteligentes que nos llevará a tener la capacidad y posibilidad de tomar las decisiones correctas.

Una persona con autonomía: tiene recursos propios, elige sus propios fines, asimila y selecciona la información de modo correcto, ajusta eficazmente la respuesta, tiene autoconfianza. La confianza que se tiene en los propios recursos. Confianza en afrontar los retos con posibilidades de éxito: retos/objetivos, que se puedan conseguir, atractivos, algo desafiantes. Ello implicará una mayor percepción de control personal. La percepción de control genera autoconfianza alta, la percepción de indefensión genera autoconfianza baja.

1.2.2. Autoconocimiento. Cómo pensamos y sentimos

Autoconocimiento tiene que ver con cómo pensamos y sentimos, cómo veo el mundo, con el proceso de cambio, con saber leer nuestra propia realidad. El autoconocimiento está determinado por la autorregulación, el autoconcepto y la autoestima.

Autorregulación: implica la modulación del pensamiento, la motivación, la atención y la conducta, mediante la utilización, deliberada o automatizada, de mecanismos específicos y de estrategias de apoyo. Por su parte el autoconcepto es el propio sentido de la identidad, la percepción que se tiene de uno mismo.

En cuanto a la autoestima, decir que es una valoración, tiene que ver con la aceptación de sí mismo, con quererse y aceptarse con sus cualidades, defectos y limitaciones, con hacerse respetar, con la seguridad y confianza en sí mismo para salir adelante en la vida y afrontar retos. La autoestima es un juicio de valor que haces acerca del propio valor y de tu competencia en diferentes dominios.

La autoconfianza, es la confianza que se tiene en los propios recursos y parte de la autoeficacia y del nivel de activación adecuado.

Según Bandura, la autoeficacia es la convicción que se tiene en poder ejecutar la conducta requerida. El nivel de activación es la respuesta fisiológica y cognitiva determinada por la motivación y el estrés y con diferentes respuestas según estas dos variables.

Las creencias de las propias capacidades, influyen en el modo de pensar, sentir, motivarse y actuar de las personas: *"Ningún aspecto del conocimiento de la persona influye tanto como la opinión que se tenga de la eficacia personal"* (J. A. Marina).

Acciones/actividades que mejoran tanto en la vida cotidiana como en el entrenamiento y la competición deportiva, desde al autoconocimiento y con mayor percepción de autoeficacia:

- elegir las metas adecuadas
- resolver problemas
- soportar el esfuerzo
- recuperarse de los fracasos
- valorar las cosas adecuadamente
- disfrutar de las pequeñas cosas
- mantener lazos afectivos con los demás
- mantener la autonomía respecto de la situación
- liberarnos de las sumisiones destructivas

No obstante, en el proceso cotidiano de la conducta puede darse el bloqueo de la persona, bien por desconocimiento de sus recursos o bien por desconocimiento de sus emociones. O también puede haber una adecuada tendencia al afrontamiento de las situaciones para lo cual hay que identificar los recursos personales y gestionar adecuadamente nuestras emociones.

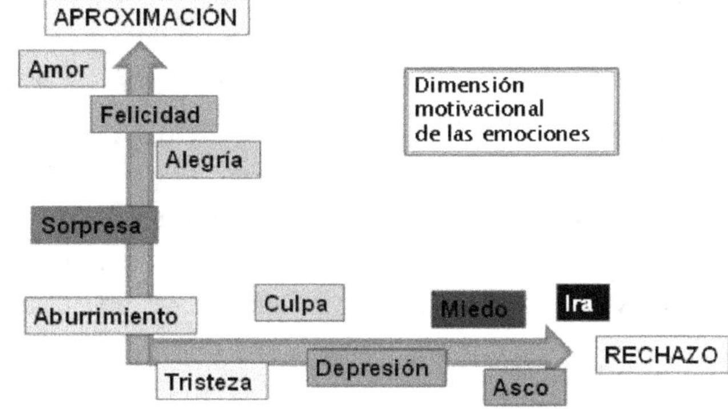

La emoción es energía en movimiento y es lo que nos dirige la conducta, lo que nos mueve a realizar las cosas que nos proponemos. Se producen cambios corporales que siguen a la percepción de un hecho excitador donde el sentimiento producto es la emoción. Viene precedida de la percepción que inmediatamente activa el tálamo y provoca un cambio fisiológico unido a la aparición de un sentimiento emocional.

FUNCIÓN	EFECTO
ADAPTATIVA	Preparan al organismo para la acción
SOCIAL	Comunican nuestro estado de ánimo
MOTIVACIONAL	Facilitan las conductas motivadas

Emoción se define también como conjunto complejo de interacciones entre factores subjetivos y objetivos que pueden dar lugar a experiencias efectivas como sentimientos de activación, agrado-desagrado, y generar procesos cognitivos como valoraciones y ajustes fisiológicos que dan lugar a una conducta expresiva y adaptativa.

Las emociones son fenómenos psicofisiológicos que representan modos eficaces de adaptación a ciertos cambios de las demandas ambientales:

EMOCIÓN	FUNCIÓN ADAPTATIVA
SORPRESA	EXPLORACIÓN
ASCO	RECHAZO
ALEGRÍA	AFILIACIÓN
MIEDO	PROTECCIÓN
IRA	AUTODEFENSA
TRISTEZA	REINTEGRACIÓN

Al sistema límbico se accede a través de las emociones. Con la visualización se activan las mismas áreas que con la experiencia real. Las palabras (su tono emocional) tienen la capacidad de penetrar en el sistema límbico.

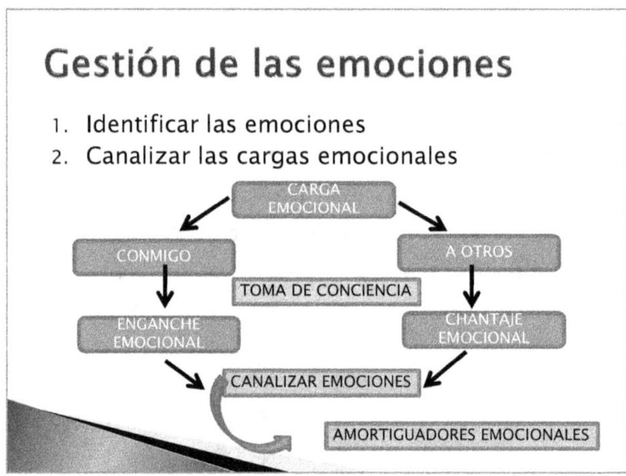

Amortiguadores emocionales: deporte, lectura, cine, silencio-rezar, llorar, trabajar, ir de compras, viajar, otros. Amortiguadores emocionales negativos: alcohol, otras drogas, violencia verbal, violencia física, abandono de responsabilidades, actitudes reactivas, acoso psicológico.

Generar pensamientos positivos, a través de la palabra principalmente, sumados a un cierto control emocional provocará la aparición de sentimientos positivos que harán desaparecer a sentimientos de víctima, de resentimiento y de culpa.

Hábitos a eliminar cada día:

- Machacarnos sin piedad después de un hecho poco satisfactorio
- Recriminarnos y traer a la memoria hechos en los que hemos actuado mal

- Dejar que los demás nos responsabilicen de sus desgracias o insatisfacciones
- Sufrir por aquello que ya no tiene solución

Es importante ser proactivo, la proactividad es una actitud en la que el sujeto asume el pleno control de su conducta vital de modo activo, lo que implica la toma de iniciativa en el desarrollo de acciones creativas y audaces para generar mejoras, haciendo prevalecer la libertad de elección sobre las circunstancias de la vida: *"Piensa en grande y actúa en pequeño"*.

Donde definimos pensar como toda actividad y creación de la mente; y sentir como experimentar o percibir, sensaciones producidas por causas externas o internas a través de los sentidos:

"Piensa como si te fueras a morir dentro de 100 años. Siente como si te fueras a morir mañana".

Nuestra visión de la vida condiciona nuestra conducta, por tanto: Hábitos a potenciar cada día:

- Asumir que nos podemos equivocar.
- Asumir que hay cosas que desconocemos o que no sabemos hacer.
- Animarnos a nosotros mismos cuando las cosas estén mal o lo parezcan.
- Pensar en positivo.
- Confiar en nuestras posibilidades.
- Aceptar que las cosas llegan más tarde de lo pensado.
- Seguir confiando en nosotros después de algún fracaso o aparente fracaso.
- Visualizarnos en positivo.
- Sonreír siempre al máximo.
- Querernos igual que queremos a los demás.

La calidad de los valores elegidos acabará determinando la calidad del proyecto, de la personalidad y de la vida entera. Los valores son cualidades que le dan forma a nuestra vida y son percibidas y manifestadas por el corazón. Una creencia es una valoración subjetiva que uno hace de sí mismo, de los otros o del mundo que le rodea. Las creencias más importantes son las convicciones y los prejuicios.

Cuando se habla de un club o entidad deportiva, de una organización, en suma, los valores son los ideales aceptados que van a delimitar el comportamiento y la forma de realizar el trabajo para alcanzar la excelencia. Cuando la organización define sus valores, supone definir la forma de orientar su actividad, sus comportamientos y sus relaciones, dentro y fuera de la institución.

1.3. COMUNICACIÓN EFECTIVA.

1.3.1. Escucha activa

La escucha activa es una forma de atención dinámica e intencionada que conlleva la percepción integral de la comunicación en sus aspectos de contenido y de relación, además de un reconocimiento explícito del otro. Escuchar es una cuestión de prestar genuina atención con los ojos abiertos para ver, la mente abierta para aprender, el corazón abierto para sentir.

Escuchar de verdad, es uno de los principales modos con que trasmitimos aceptación y respeto:

- Escuchar significa ser capaz de hacerlo sin criticar, aconsejar, discutir, convencer.

- Los excelentes negociadores suelen escuchar el doble de lo que hablan y utilizan técnicas como: de resumen, hacer preguntas y clarificar.

- Escuchar con atención significa percibir no sólo las palabras que el interlocutor utiliza, sino también toda gama de señales que trasmita.

Habilidades para escuchar e interactuar:

a) *Clarificación*: Preguntas que ayudan a clarificar la información adicional y todos los aspectos de un asunto. Por ejemplo: "¿Podría aclararme esto?"

b) *Verificación*: Significa parafrasear las palabras del emisor para asegurarse que las comprende realmente y para revisar su significado e interpretación. Por ejemplo: "Si comprendí bien, su plan es..." "Me parece entonces que su necesidad es..." "Esto es lo que ha decidido, y las razones son..."

c) *Reflexión*: Significa hacer notorio que sentimos empatía por los sentimientos de quien habla. Prestar atención a los componentes emocionales y los significados centrales que no han sido expresados

Mejoras en la comunicación:

- Incrementa la claridad del contenido de los mensajes.
- Disminuye la contaminación emocional.
- Favorece la autoestima.
- Mejora la calidad de las relaciones interpersonales.
- Aceptación: escuchar a-críticamente y sin prejuicio.
- Clasificación: separar los contenidos informativos de los relacionales.
- Retroalimentación o feedback: demostrar que hemos escuchado, centrándonos en los hechos y dejando de lado opiniones personales o emociones que pudiesen perturbar nuestra objetividad.

Muchos problemas de comunicación se deben a: malos entendidos e interpretaciones incorrectas. Ello se presenta con menor frecuencia si se cerciora uno de que el circuito de retroalimentación se usa en el proceso de la comunicación. La retroalimentación puede ser verbal o escrita.

La palabra conversación viene del latín *"conversus"* que significa *"convertirse"*. A medida que vamos conversando nos convertimos en alguien distinto, nos transformamos a través de la palabra.

Pautas para escucha activa

- Crear clima agradable
- Conocer algo del tema
- Tomarse tiempo para escuchar
- Aparcar nuestras preocupaciones
- Aceptar a la otra persona
- Ponerse en lugar del otro

- Eliminar ruidos y barreras físicas
- Mostrar interés
- Prestar atención, concentrarse y no distraerse
- Captar lo verbal y lo no verbal
- Captar el contenido explícito e implícito
- No interrumpir el discurso
- No anticiparse ni dar conclusiones
- Sintonizar
- Retener ideas principales
- Tomar anotaciones
- Resumir ideas básicas
- Confirmar que el mensaje se ha comprendido adecuadamente.

Elementos a evitar en la escucha activa:

- No distraernos.
- No interrumpir al que habla.
- No juzgar.
- No ofrecer ayuda o soluciones prematuras.
- No rechazar lo que el otro esté sintiendo, como: "no te preocupes, eso no es nada".
- No contar "tu historia" cuando el otro necesita hablarte.
- No contra argumentar. Por ejemplo: el otro dice "me siento mal" y tú respondes "y yo también".
- Evitar el "síndrome del experto": ya tienes las respuestas al problema de la otra persona, antes incluso de que te haya contado la mitad.

Una comunicación es efectiva cuando reúne características, tales como:

a) El mensaje que se desea comunicar llega a la persona o grupos considerados apropiados para recibirlos.

b) La consecuencia de la comunicación es el cambio de conducta esperado en el receptor.

c) Cuando no es unilateral, sino que estimula la retroalimentación al mensaje enviado (mensaje de retorno), ya que es igualmente importante saber escuchar, tanto como saber hablar.

d) Cuando existe coherencia entre el lenguaje verbal y el corporal.

e) Cuando se ha escogido el momento, las palabras y la actitud apropiada.

Un buen comunicador, por lo tanto, es capaz de expresarse con claridad y hacerse entender, sabe escuchar, nos convence con sus palabras

La mejora de nuestra comunicación vendrá por la revisión, modificación de ella. La mejor estrategia de comunicación pasa siempre por ser auténticos, naturales, y por el propio estilo personal:

- Contenido veraz. Se refiere a los hechos que se quieren contar o exponer.

- Contar esos hechos y argumentos con expresividad y con emoción, con ganas, con intención, para despertar el interés del interlocutor.

- Propia utilización del lenguaje, de manera hábil, estratégica, bella y exacta para comunicar con persuasión y precisión lo que se desea.

Factores que intervienen en la falta de comunicación:

- Información escasa.
- Distancias de información.
- Falta de coordinación.
- Comunicación apresurada.,
- Temas a preguntar.
- Salirse de canales normales
- No saber escuchar.
- Confusión en las definiciones.
- Conclusiones prematuras.
- Diferencias de conocimientos y expresiones.
- Diferencia de personalidad e interés.
- Falta del todo al dar instrucciones.
- Creencias en que lo sabemos todo.

Factores de la escucha eficaz:

FACILITA LA COMUNICACIÓN	DIFICULTA LA COMUNICACIÓN
Igualdad	Superioridad
Empatía	Egocentrismo
Optimismo	Negatividad
Cercanía	Distanciamiento
Naturalidad	Artificialidad
Preparación	Improvisación
Sencillez	Complejidad
Apertura	Ocultamiento
Descripción	Valoración
Objetividad	Subjetividad
Autocontrol	Descontrol
Escucha	Interrupción
Serenidad	Nerviosismo
Reflexión	Impulsividad
Dialogo	Monologo
Tiempo	Prisa

Factores que dificultan la escucha eficaz: escuchar lo que queremos, desconexión, prisa por ir al tema central, distracción. Es lo que se denomina también como barreras de la comunicación.

Los receptores, en el proceso comunicativo, ven y oyen de modo selectivo basándose en sus necesidades, motivaciones, experiencias, educación y otras características personales. También proyectan sus intereses y expectativas personales. Interpretamos lo que vemos y a eso le llamamos realidad:

- Habilidad comunicativa deteriorada.
- Utilización del canal inadecuado.
- Desconocimiento del entorno sociocultural.
- El mensaje lleva una carga emotiva muy elevada.

Ignorar que el propio cuerpo es parte del mensaje, puede suponer ocultar información, hablar cosas desagradables, dar rodeos para decir algo, presentar el mensaje dando órdenes, ser incoherente en el mensaje, utilizar indirectas para expresarse, evitar el contacto con los ojos.

Una conversación es un intercambio entre dos o más personas. Dentro de ella, no hay reglas específicas, aun cuando es importante pensar en la estructuración del mensaje para conseguir un mejor resultado en el contexto de la comunicación.

Los fines de la conversación son:

- Establecer una comunicación de naturaleza personal.
- Construir relaciones de confianza.
- Aprender mediante el diálogo.
- Explorar posibilidades u oportunidades.
- Llegar a mejores conclusiones o decisiones.
- Establecer planes de acción.
- Encarar obstáculos y solucionar problemas.

Relación marcada por la armonía, conformidad, acuerdo o afinidad. En esencia, es un sentimiento de concordia entre dos o más individuos. Para lo que necesitamos del rapport, acción que puede resumirse en dos actitudes: acoplar y dirigir.

Para acoplar a un individuo debemos atender todos los aspectos de su comunicación, verbales y no verbales, y explorar e identificar sus sistemas de representación y especialmente su sistema de representación predominante.

Acompase, sintonice, marche al paso con su entrevistado; haga espejo de su conducta, especialmente de su conducta no verbal. El sistema representacional es la ruta perceptiva por la que:

- Se percibe el entorno
- Construimos nuestro mapa
- Explicamos nuestra experiencia externa e interna

El sistema representacional se apoya en los cinco sentidos, que transmiten la información tanto del inconsciente como del consciente. Hay que hablar al otro usando palabras relacionadas con sus propios sistemas de representación:

- Comunicación empática
- Acompasamiento verbal

Elementos importantes de la comunicación interpersonal:

- Firme comunicación visual: "*saber mirar a la otra persona*".
- Buena postura: "*saber estar erguido y moverse suavemente y con naturalidad*".

- Ademanes naturales: *"saber estar relajado y actuar natural cuando se habla"*.
- Ropa apropiada y aspecto: *"saberse vestir, asear y aparecer de forma apropiada para el medio al que pertenece"*.
- Voz y variedad vocal: *"saber usar la voz como un instrumento sonoro y resonante"*.
- Uso efectivo del lenguaje de las pausas: *"saber usar el lenguaje de una manera clara y apropiada, planeando las pausas y sin muletillas"*.
- Atraer la atención de la escucha: *"saber mantener un activo interés y la atención de cada persona con la que te comunicas"*.
- Uso efectivo del humor: *"saber utilizar el humor para crear un lazo entre uno y la persona que lo escucha"*.
- Ser uno mismo: *"saber ser auténtico"*.

Cambiar nuestra actitud:

- No vivir en el pasado: el pasado es historia.
- Comprometernos con nuestras metas: visualizarlas, repetirlas, compartirlas.
- No aceptar excusas sin soluciones: tener propuestas y planes correctivos.
- Establecer metas de crecimiento: metas de desarrollo, atención a los procesos.
- Admitir que los prejuicios son autodestructivos: los juicios precios son limitantes de la conducta positiva.

Para cambiar la actitud problemática de una persona se debe cambiar antes su modo de pensar.

- El cambio es antes que nada actuado, se trata de hacer las cosas con las palabras.
- Desde los sistemas representacionales otras percepciones, acciones y conocimientos alternativos.
- Se trabaja al mismo tiempo sobre el nivel perceptivo, emotivo y conductual y como efecto final llega el cambio de conocimiento. Primero se obtiene el cambio y luego la consciencia de ello.
- Percepciones, valoraciones, atribuciones causales, de sentido. Cambiar la perspectiva supone un cambio en todos los niveles.

- El decir es también hacer: lo pensado, realizado con las palabras, se convierte en acción y se construye como experiencia que bien enfocada, es autocorrectiva.

1.3.2. Empatía

La empatía es una palabra griega formada de dos raíces: **EM dentro, PATIA pathos**, que significa sentimiento o sufrimiento. Tenemos empatía cuando nos colocamos en el lugar de la otra persona:

- La comunicación fluye mejor cuando una de las partes es la primera en entender.

- Para entender a otra persona, debemos ser influenciados.

- Cuando somos abiertos, permitimos a la gente relajar sus posiciones rígidas y considerar alternativas.

- El buscar primero entender, nos permite actuar desde una posición de conocimiento.

- Al buscar entender nosotros ganamos.

La definición más corta posible y más incisiva de empatía es: *"sentir sin padecer"*, sentir lo de los demás sin necesariamente haber pasado por ello ni directa ni indirectamente.

La empatía es la capacidad para interpretar correctamente las situaciones sociales y las emociones y sentimientos de los demás. Para ser bien aplicada con respecto a los demás, debe empezar por uno mismo. Es necesario conocer los propios sentimientos.

> *"Ser consciente de lo que uno siente es el primer paso para conseguir cierto autocontrol. No se trata de reprimir los sentimientos, sino de canalizarlos apropiadamente"* (Goleman).

El acompasamiento viene determinado por la voz (tono, velocidad, volumen y ritmo), por la respiración (ritmo y localización) y por el movimiento (postura, ojos, manos y pies).

Por su parte la calibración u observación lo componen el lenguaje, las modalidades (visuales, auditivas y kinestésicas), el cuerpo y los gestos de la cara y ojos.

El rapport o acompasamiento/sincronización es uno de los ingredientes principales de toda comunicación, es el acoplamiento voluntario que hacemos con nuestro interlocutor, con su mapa de la realidad. Al adaptarnos a sus manifestaciones le hacemos más cómodo el transmitir su mensaje.

El objetivo del rapport es la de establecer un sentimiento de concordia con la persona, que le haga sentirse bien y comunicarse espontáneamente. El rapport requiere: armonía, respeto, delicadeza, sutileza.

El buen rapport precisa de tener en cuenta todos los elementos del sistema representacional del individuo: movimientos oculares, lenguaje verbal y lenguaje corporal:

- Respiración
- Color de piel
- Expresiones faciales
- Postura corporal
- Posiciones de cabeza y hombros
- Gestos de manos
- Temperatura y humedad de piel
- Tono, ritmo, timbre, volumen, pausas de la voz

Etapas para la realización de un buen rapport:

a) Observar (calibrar)
b) Igualar (posturas)
c) Acoplar (respiración y gestos)
d) Dirigir (llevar a la persona a nuestro movimiento)

Es necesario para un buen rapport tener la actitud de querer compartir y entender al otro: por acompasamiento, por escucha activa. El rapport sirve, asimismo, para crear un clima de confianza propicio para recoger información y conducir una conversación:

- Un primer encuentro con una persona desconocida
- Al principio de una conversación
- Para mejorar el trabajo de grupo, sincronizándose a cada participante
- Para la negociación

Cuanto más se hable desinhibidamente sobre una cuestión, menos obsesionada estará con ella. El acto de contar repetidamente nuestra experiencia trae consigo una organización del hecho, así como una síntesis. La comunicación es la llave para la supervivencia de una relación después de un trauma compartido.

1.3.3. Comunicación persuasiva

La comunicación persuasiva está directamente relacionada con la efectividad empática. En ese sentido se proponen una serie de pautas o hábitos de práctica cotidiana: los siete hábitos de la gente altamente efectiva, según Covey.

- Ser proactivo y responsable. Tomar la iniciativa
- Tener el objetivo a lograr siempre en la mente como guía de todas las acciones
- Acomodar los sentimientos, las acciones y los impulsos a los valores personales
- Centrarse en las opciones y oportunidades, no en el problema
- Tratar de comprender a los demás antes de ser comprendido uno mismo
- Establecer sinergias: el esfuerzo común es más grande que el individual
- Cultivar todas las facetas humanas al mismo tiempo: física, mental, emocional y espiritual

Etapas del proceso persuasivo:

1. Exposición.
2. Atención.
3. Interés.
4. Comprensión.
5. Generalización de cogniciones relacionadas.
6. Adquisición de habilidades relevantes.
7. Aceptación.
8. Memorización.
9. Recuperación.
10. Toma de decisión.
11. Actuación.
12. Consolidación.

Los elementos clave en el proceso persuasivo son la fuente, el mensaje y el receptor. Así como la credibilidad de la fuente, lo atractivo de la fuente, la forma y presentación del mensaje, el contenido del mensaje y las características del receptor.

Donde las claves de la comunicación pueden quedar identificadas en la metáfora que Ramón-Cortés, F. (2005). Nos propone en su libro *La isla de los cinco faros. Un recorrido por las claves de la comunicación. Barcelona: RBA:*

1.4. COMUNICACIÓN ORGANIZACIONAL

Se define comunicación como el intercambio de información y transmisión de significados, es decir esencia de un sistema social u organización. La estructura y funcionalidad de las organizaciones y por tanto de los equipos deportivos o clubes, está determinada por la comunicación que se establezca. Es por tanto necesario el tener conocimiento y gestionar adecuadamente dicho conocimiento.

Organización es por definición, acción y resultado de organizar u organizarse. Nos interesa, por tanto, la parte funcional, el movimiento, las interacciones de las organizaciones. En ese sentido, gestión del conocimiento compartido implica un desarrollo de un sistema de comunicación eficaz desarrollado principalmente por la acción del liderazgo: el líder unido a su equipo.

Los diferentes tipos de comunicación, según el contexto consta de cinco niveles de estructuración de los sistemas y procesos de comunicación: nivel intrapersonal, interpersonal, de las organizaciones, institucional y el nivel macrosocial (Saperas, 1998).

En lo referente a las formas de comunicación en las organizaciones tenemos: la comunicación interpersonal, la comunicación masiva, y la propia comunicación organizacional.

La comunicación interpersonal es aquella que se realiza generalmente cara a cara, entre dos individuos o un grupo reducido de personas. La comunicación masiva está representada principalmente en los medios de difusión de información; el mensaje es enviado por un emisor y no hay respuesta inmediata, hay muchos receptores. La comunicación organizacional, propiamente dicha es la comunicación que instauran las instituciones y la hacen formar parte de su cultura o de sus normas.

En las organizaciones deportivas existe también la comunicación formal e informal: la comunicación organizacional formal está estructurada, contiene metas, está controlada y sujeta a reglas, con una direccionalidad y su relevancia o intencionalidad es importante para la organización.

A su vez existe una comunicación ascendente (del personal hacia la dirección), una comunicación horizontal (entre el personal de igual jerarquía), y así mismo una comunicación diagonal (entre miembros de departamentos diferentes).

Los ámbitos de la comunicación formal organizativa corresponden a:

- Organización y gestión de recursos humanos
- Calidad
- Liderazgo
- Trabajo en equipo, reuniones
- Solución de conflictos
- Entrevistas de trabajo, selección de personal
- Evaluación de personal
- Motivación

La comunicación organizacional informal está basada en la espontaneidad, no en la jerarquía, surge de la interacción social entre los miembros, y se desarrolla por el afecto o amistad entre las personas.

La comunicación informal puede beneficiar o perjudicar a las organizaciones, según como se emplee: de forma positiva con ayuda a la cohesión del grupo y a dar retroinformación sobre diferentes aspectos del trabajo realizado; o bien de forma negativa por el rumor o chisme que es un distorsionador de la productividad y no ayuda, solo demora y perjudica a las personas y a la organización.

1.5. COMUNICACIÓN EN EL ÁMBITO DEL DEPORTE

El entrenador como líder tiene que ser:

- Organizador-planificador
- Motivador
- Guía-consejero
- Conocimientos deporte
- Habilidades enseñanza
- Trabajo equipo
- Creador clima de éxito
- LIDERAZGO

Saber plantear unas normas o reglas compartidas acerca de las conductas que son apropiadas o inapropiadas en un grupo. Con el sistema de normas se especifica y se hace visualizar lo que se espera de cada miembro del equipo, lo que incidirá positivamente en la conducta del deportista. El éxito o el fracaso de cualquier organización dependen, en buena medida de la calidad de sus *líderes*.

Las creencias, valores y expectativas personales que el entrenador tiene ante la vida, influyen en su forma de entender el entrenamiento y la relación con los futbolistas, los directivos y los medios de comunicación. Jiménez, Lorenzo (2005) proponen una serie de factores asociados al desarrollo de la pericia de los entrenadores (factores de entrenador experto): compromiso deportivo, trabajo deliberado, conocimiento del deporte, gestión y liderazgo de grupo.

El entrenador como líder ha de saber:

- motivar a sus deportistas
- comunicarse eficazmente con ellos
- tomar decisiones trascendentes
- orientar y coordinar los esfuerzos individuales
- negociar con los deportistas
- solucionar conflictos
- evaluar con objetividad
- tener relación óptima con directivos y padres de deportistas
- actuar con sistemática

"El líder es un seductor que practica el arte de convencer, conjugando capacidades y voluntad en busca de un fin que nos proporcione sentido y satisfacción"
(Valdano y Mateo, 1999).

Sin pasión humanista no hay auténtico líder. El liderazgo se obtiene a base de sacrificio, experiencia y reflexión.

Modelos de liderazgo según la clasificación de la funcionalidad del líder de Buceta, 1998:

- Autocrático: Toma las decisiones sin consultar
- Consultivo: Consulta a todos y se reserva la decisión final
- Participativo: Se convierte en miembro más del grupo. Todos deciden
- Delegatorio: Delega responsabilidades

Donde el estilo de decisión más apropiado en cada momento (Buceta, 1998) dependerá de:

- Urgencia de la decisión
- Calidad de la decisión
- Información de que dispone
- Complejidad del problema
- Conveniencia de la aceptación de la decisión por parte de los deportistas
- Evidenciar su poder

Cohesión de grupo es un factor de apoyo social indispensable para el buen funcionamiento del equipo deportivo. Conducta del entrenador caracterizado por una preocupación individual por los deportistas, por su bienestar y por un ambiente positivo para el grupo:

- tener en cuenta los cambios en el proceso de maduración del deportista
- entender las emociones de los demás y controlar la propia
- gestionar emocionalmente cada situación de éxito y fracaso

La orientación deportiva de los deportistas jóvenes tiene que basarse necesariamente en las aspiraciones y aptitudes del deportista, en ser un proceso continuo a través de todas las etapas de desarrollo del deportista, en generar en el deportista una adecuada toma de decisiones, en procurar adherencia al entrenamiento y a actividades complementarias al entrenamiento. Significa también aceptar y respetar normas:

- Ser respetuoso con los demás
- Ser tolerante, solidario y generoso
- Trabajar en equipo
- Asumir responsabilidades
- Exigente con uno mismo
- Perseverante y disciplinado
- Aprender de éxitos y fracasos

En el entrenamiento es fundamental que se den situaciones de éxito. Que haya más repeticiones positivas y de éxito. Por tanto, *la competición debe ser:*

- Oportunidad para mejorar
- Reconocer virtudes de los contrarios
- Respetar a quienes son peores
- Reorientar el trabajo
- Desarrollar sensaciones positivas
- Percepción de éxito orientada a la tarea y no al ego (realización y no resultado)

2. LIDERAZGO Y PLANIFICACIÓN DEPORTIVA

2.1. LA INICIACIÓN DEPORTIVA

Diferenciamos la iniciación deportiva de la iniciación a la práctica deportiva: la primera hace referencia al comienzo en la instrucción de un deporte específico de forma regular, con intención de realizar ciertos aprendizajes elementales y de conocer las reglas básicas de juego o/y competición; el segundo concepto reseña el momento en que un sujeto, normalmente niño/a, empieza a realizar ejercicio físico en lugar y forma apropiados.

Los técnicos de triatlón somos afortunados por contar con un deporte compuesto por tres modalidades, pues hace que dicha iniciación deportiva pueda coincidir con el inicio a la práctica de deporte; esto es, que pueda cumplir con requisitos óptimos de buena iniciación al ser una acción multideportiva y variada.

Blázquez (Blázquez, 1999), además enfatiza en tres características fundamentales sobre la iniciación deportiva:

- Es un proceso de socialización
- Existe un compromiso de eficacia
- Hay intencionalidad didáctica

Según este autor, la iniciación deportiva debe ser necesariamente una formación polideportiva, y debe crear hábitos y actitudes favorables a la práctica deportiva.

La formación de deportistas en la base debe ser sobre todo una oportunidad para la creación de hábitos deportivos (Sánchez Bañuelos, 1986) y que, según este autor, "todo participante tenga una razonable oportunidad de triunfo".

Una de las características más importantes de la iniciación deportiva es la dirección que pueda darse a la competición deportiva. La competición deportiva bien orientada es educativa y motivante (Bañuelos, 1994):

- La interacción con el adversario es superación de uno mismo
- El entrenamiento es búsqueda de perfección, de aprendizaje, de convivencia
- La valoración del esfuerzo es búsqueda de excelencia

- La vocación deportiva, felicidad personal

La competición, como el propio deporte, no es bueno ni malo en sí mismo, sino en base a la orientación que hagan los agentes implicados en la gestión del proceso de iniciación deportiva de los niños y jóvenes.

El deporte solo es educativo cuando se utiliza como objeto y medio de educación, integrado con método y orden en un programa coherente. Este programa debe contemplar convenientemente la metodología o forma de trabajar los contenidos, así como dotarle de una evaluación apropiada donde la referencia sean los objetivos de realización, de ejecución técnica, de habilidades y capacidades; y no objetivos de resultado o logro.

Para Wein, "es importante que los entrenadores hagan todo lo posible por quitar importancia al resultado como criterio de éxito, tener éxito debe equivaler a conseguir los objetivos de realización establecidos" (Wein, 2004). Las necesidades del niño en la iniciación son, según este autor:

- Seguridad
- Nuevas experiencias
- Ser reconocido por su esfuerzo
- Tener responsabilidad
- Jugar y participar
- Socializarse
- Moverse y vivir el presente
- Variabilidad de ejercicios y actividades
- Ser comprendido por los adultos

2.2. EL DEPORTE DE RENDIMIENTO O DE COMPETICIÓN

El deporte de rendimiento o de competición, dentro del deporte de base, debe contemplarse desde un beneficio hacia el deportista en un marco apropiado de ambiente deportivo donde prime la práctica y la realización de la actividad por encima de los resultados (Pastor y Balaguer, 2001; Jiménez et al., 2004). Se constata el hecho diferencial de fondo entre ambas formas de hacer deporte, la de práctica y la de competición, también en el deporte de base, donde la competición, bien llevada, como forma de aprendizaje y en un sentido lúdico es inherente a la propia realización deportiva (Sánchez, 1992; Blázquez, 1999). La crítica al formato de deporte de competición, sobre todo en edades de desarrollo, está presente de forma muy activa en la gestión del deporte del municipio desde las instancias técnicas.

El deporte de base, por definición, debe ser saludable y tener un carácter distribuidor sobre el deporte de rendimiento, principalmente y sobre el deporte para todos. Según el Libro Blanco de I+D (Investigación + Desarrollo) del Deporte, la iniciación deportiva orientada hacia la participación en competición debería mejorar en sus aspectos lúdicos, formativos, y en su repercusión sobre la salud. Por esta razón se deben diseñar programas específicos y de desarrollo para la práctica del deporte de base, desarrollando, también, instrumentos de control de calidad y de sus resultados (Ramiro, Sánchez, y García Ferrando, 1998).

Con ello se puede, en gran medida, asegurar el buen trabajo en el deporte de base en su relación con el deporte de rendimiento, ámbito deportivo propio y lógico de niños y jóvenes (Lorenzo, 2000).

La tecnificación. Jóvenes talentos deportivos

La eficacia de un sistema deportivo excelente viene determinada, además de por la iniciación deportiva, por la tecnificación de los deportistas, por la forma de tratar la competición deportiva, por la orientación de las escuelas deportivas y por el modelo de desarrollo deportivo establecido (Loignon, 2005).

En la identificación de las fases de la participación deportiva de los jóvenes deportistas existen propuestas como la de Wolfenden y Holt (2005), donde marcan entre los 6 a 12 años la iniciación genérica; de 13 a 15 años, la especialización y de 16 en adelante, el perfeccionamiento. Para estos autores, la fase de especialización es probablemente la fase más compleja de desarrollo, ya que los roles de los padres y de los entrenadores están en transición para los deportistas. Por ello, proponen un funcionamiento conjunto padres-entrenadores que facilite el desarrollo del deportista en un contexto apropiado (Wolfenden y Holt, 2005).

El alto rendimiento comienza cuando hay calidad en el trabajo del deporte de base enfocado al rendimiento y sólo quienes posean las condiciones adecuadas y la voluntad necesaria, es decir, talento y deseo de excelencia, estarán en condiciones de conseguir estar en la alta competición (Gimeno y Guedea, 2001).

La relación de deportistas de base y deportistas de alta competición debe ser interdependiente y coordinada, con una presencia del deporte de alto nivel en la entidad, que es estimulante y que sirve de referencia a la toda la cantera del club (López, 1995).

La visión del perfeccionamiento a largo plazo debe conducir de forma explícita y sistemática a que los entornos de influencia del deportista sean considerados dentro de un contexto integral de desarrollo (Martindale, Collins, y Daubney, 2005).

2.3. PROGRAMACIÓN Y PLANIFICACIÓN DEL ENTRENAMIENTO

Los objetivos fundamentales de la planificación son decidir y organizar el trabajo a realizar en el entrenamiento, aprovechando al máximo, y de forma adaptada, los recursos disponibles para mejorar las posibilidades de rendimiento de los deportistas.

El cometido del entrenador en la planificación está en:

1.   Planificar
2.   Orientar
3.   Observar
4.   Evaluar

Tanto para el entrenador, como para el deportista con la planificación se consigue:

- Fortalecimiento de la percepción de control sobre el proceso del entrenamiento
- Autoconfianza del trabajo que se realiza

La planificación debe constar de todos los contenidos del entrenamiento:

a) Preparación física
b) Preparación técnica
c) Preparación táctica
d) Preparación psicológica

Fases progresivas de la planificación del trabajo deportivo. Estrategias psicológicas para la optimización del tiempo del entrenamiento.

Planteamiento inicial de objetivos

Delimitación del tiempo

- Dependerá del tipo de período donde se incluyen los objetivos más significativos (ciclo olímpico, temporada anual, picos de temporada), considerando las competiciones objetivo.

Valoración de las posibilidades de éxito:

- Viabilidad de las competiciones
- Recursos propios
- Objetivos interesantes y realistas

Establecimiento de objetivos

De resultado

- Específicos: quedar entre los 10 primeros, hacer una marca determinada
- Atractivos y realistas
- Objetivos intermedios: para quedar campeón de España debo realizar una marca determinada
- Objetivos a corto plazo: buenos resultados en duatlones de pretemporada
- Otros objetivos test: salir del agua en un triatlón entre los x primeros

De realización

Se refieren a los logros relacionados con la propia conducta, y deben ser también específicos, atractivos y alcanzables:

- Mejoras físicas: adquisición de capacidades condicionales
- Mejoras técnicas: técnicas específicas y gruesas
- Mejoras tácticas: táctica y estrategia
- Mejoras psicológicas: afrontamiento

Características:

- Acentúan la propia conducta
- Permiten valoraciones más realistas
- Nos dan una indicación del progreso
- Favorecen la percepción de control del entrenamiento

Contenido del entrenamiento

- Recursos
- Necesidades
- Determinación específica del trabajo a realizar: ficha de contenidos

Consideración del tiempo disponible

- Plazo total de la planificación
- Grado de dedicación
- Disponibilidad de instalaciones
- Compromisos competitivos
- Desplazamientos
- Períodos de no entrenamiento
- Períodos de descanso
- Establecimiento de prioridades de objetivos: importancia, proximidad, interferencia, coste, probabilidad de logro
- Decisión de los contenidos del entrenamiento: simplicidad, urgencia, relación con otros, integración

Otras consideraciones de la planificación

- Plantear objetivos (resultado-realización) junto con costes
- Plantear objetivos personales
- Considerar capacidad física, técnica, táctica y psicológica en los planteamientos
- Situar los contenidos más estresantes alejados de las competiciones
- Programar períodos de descanso psicológico
- Incluir entrenamiento específico en habilidades psicológicas
- Compensar sobreesfuerzos de máximo rendimiento

2.4. EL ENTRENADOR COMO DIRECTOR DE EQUIPO

Dado que el rendimiento es en gran medida el resultado de motivación más aprendizaje, el éxito del aprendizaje técnico depende de la interacción entrenador-deportista (M. Benzi, De Marco, y Omiso, 2004). Nuestras investigaciones confirman que los talentos perciben mayor permeabilidad a la opinión y mayor iniciativa. Esta validez de comunicación bidireccional garantiza la eficacia del mensaje y permite una mejora del estilo de comunicación. Gracias a la acción del feedback, el deportista tiene más ocasiones de corregir sus propios errores (M. Benzi et al., 2004), (J. A. Jiménez y Fierro-Hernández, 2002).

El entrenador y el técnico deportivo en sus funciones cotidianas deben ser capaces de ser:

- Organizador-planificador.
- Motivador.
- Guía-consejero.
- Conocimientos deporte.
- Habilidades enseñanza.
- Trabajo equipo.
- Creador clima de éxito.

Por lo tanto, tener un liderazgo efectivo y determinante.

El liderazgo del entrenador en el entrenamiento y en la competición debe ser capaz de realizar las siguientes acciones:

- Dirección de equipos deportivos.
- Generar clima motivacional.
- Tener habilidades psicológicas del entrenador.
- Tener habilidades de comunicación
- Gestionar el tiempo
- Realizar actos de negociación

Las acepciones del término dirigir son enderezar, llevar rectamente una cosa hacía un término o un lugar señalado. Guiar, mostrar el camino. Gobernar, regir, dar reglas. Aconsejar o gobernar. Por ello, parece necesario sobrepasar estos significados y tender a realizar más que una dirección de equipo, llegar a **liderar un proyecto compartido**.

Una de las funciones más significativas del entrenador se demuestra en este apartado, pues debe ayudar a los deportistas a ser responsables y autónomos, fomentando el desarrollo educativo y social como filosofía fundamental del entrenamiento (Martens, 2002).

El buen entrenador debe establecer un gobierno de sus recursos hacia la educación con el fin de estimular la autonomía y el pensamiento y equilibrar toda conducta negativa con el arma de la argumentación (Romero García, 2004).

Como dicen algunos jugadores de fútbol profesional (Djukic y Carboni), *"al deportista hay que dejarle un espacio para su libertad, un margen de maniobra tanto en el campo como en el vestuario para que pueda desarrollar su personalidad"; "hay que darle responsabilidades, pues hay entrenado-*

res que están demasiado encima y le quitan responsabilidad sobre las cosas" (Carrascosa, 2003b).

La organización de las tareas de entrenamiento influye en el desarrollo de éste incidiendo en el clima de la sesión. La mayor destreza organizativa del entrenador supone la creación de un adecuado clima afectivo que garantiza la máxima participación individual y la seguridad de los deportistas (Moreno Arroyo y Del Villar Álvarez, 2004). Que los deportistas de menor edad y categoría perciban mayor organización que los demás es entendible e incluso dice mucho a favor de los entrenadores. La autoridad de los mayores se propone a los menores como una colaboración necesaria para ellos, pero en ciertas ocasiones también ha de imponerse (Savater, 1997).

2.5. LA COHESIÓN DE EQUIPO

Cohesión interna se puede definir como el *"campo total de fuerzas que actúan sobre los miembros de un grupo"* (Rioux y Chappuis, 1979).

En su *"Análisis psicológico del equipo deportivo"* García-Mas (García-Mas, 2001) une cohesión grupal y liderazgo y apunta como inputs del factor el ambiente grupal, actividades de los miembros, estructuración del grupo y procesos grupales. Define por tanto la cohesión a través de las palabras de Carron (1982) *"como el proceso dinámico que se refleja en la tendencia grupal de mantenerse juntos y permanecer unidos en la persecución de sus metas y objetivos".* De nuestras investigaciones, sobresale del análisis de la cohesión de equipo este apartado de rendimiento de equipo y sobre todo el anterior de que los equipos de mayor cohesión son los que más discrepan y además tienen un entrenador con percepción muy desajustada a la realidad. Esto nos lleva a confirmar la cohesión como factor de perfil bajo y terminaríamos la frase de Carron indicando que los equipos mantienen su cohesión o la aumentan a pesar de sus nefastos líderes o gracias a esa característica.

Esto no quiere decir que no se necesite cierta cohesión en el equipo. Si es importante pues un clima de confianza y el interés de los deportistas en la realización del proyecto colectivo favorecen la realidad de una participación total (Rioux y Chappuis, 1979). Un clima de confianza mutua, de afecto mutuo, voluntad de compromiso en la acción. La cohesión se convierte en una comunión de sentimientos fundamentada en el respeto a la persona.

Factores de cohesión

- Participación
- Responsabilidad
- Compromiso
- Compartir objetivos
- Respeto personal
- Grado de aceptación de objetivos
- Nivel de comunicación
- Conformidad con las normas
- Perseverancia ante la dificultad
- Percepción de equipo
- Satisfacción personal
- Motivación
- Estabilidad

Obstáculos en la cohesión de equipo

- Individualismo
- Desacuerdo en objetivos
- Confusión o ambigüedad de roles
- Ausencia de normas claras
- Problemas en la comunicación
- Excesivos cambios de miembros
- Intereses enfrentados
- Enfrentamiento entre diferentes líderes
- Incompatibilidad de personalidades
- Excesiva competencia interna

Desarrollo evolutivo del grupo

- Individualismo-egoísmo
- Identificación-aceptación
- Integración-cohesión
- Aflojamiento-rutina

Desarrollo de grupo a equipo

- Constitución
- Conflicto
- Normalización
- Ejecución

Se dice que una persona se ha socializado cuando recibe la aprobación de los demás, aprobación que se produce al compartir valores comunes y adaptar su conducta a las expectativas de su rol (Gutiérrez Sanmartín, 1995). La identificación con los valores y su búsqueda corresponde al entrenador como catalizador que es de todas las fuerzas del equipo. Favorecer un compromiso común respecto a unas pautas básicas de conducta, potencian la convivencia efectiva en el grupo (Carrascosa, 2003a); y esto puede ocurrir a pesar de rendimientos bajos.

El complejo mundo de las relaciones humanas dentro de los equipos deportivos se nutre de un bien entendido sentido de la afectividad, que propicia el respeto mutuo, la estima recíproca hacia el esfuerzo, la comunicación entre todos y el continuo fluir de las emociones (Coca, 2004).

3. LIDERAZGO Y MOTIVACIÓN. EL ÉXITO. LA EXCELENCIA

3.1. ASPECTOS GENERALES DE LA MOTIVACIÓN

El origen etimológico de la palabra motivación proviene del latín **motivus** (movimiento) y el sufijo **ción** (acción y afecto), motivo para la acción.

La teoría más clásica de la motivación la encontramos en los estudios de Maslow expuesta a través de su conocida pirámide de Maslow o la jerarquía de las necesidades humanas que aparece en 1943 y que se basa en la teoría de que los seres humanos vamos cumpliendo y satisfaciendo necesidades básicas, que una vez cubiertas dan paso a necesidades y deseos más elevados.

La motivación de las personas se debe a la búsqueda de satisfacción de tres necesidades:

- La necesidad de logro: cuando una persona desea realizar tareas retadoras de alta dificultad
- La necesidad de afiliación: cuando las personas buscan tener y mejorar sus relaciones interpersonales
- La necesidad de poder: cuando las personas buscan poder influir y estar al cargo de otras personas.

Así mismo, Daniel Goleman (1998) en su libro La práctica de la Inteligencia Emocional define tres competencias fundamentales que caracterizan a las personas exitosas. Estas son:

- Logro: el impulso que nos lleva a mejorar y desarrollarnos
- Compromiso: La capacidad de asumir y alinearnos con los objetivos de la organización
- Iniciativa y optimismo: La capacidad para movilizarse y aprovechar las oportunidades y superar los obstáculos.

Mihaly Csikszentmihalyi identificó varios aspectos que caracterizan a las personas que están muy motivadas, o como él denomina, en un estado de flujo.

- Hacen las cosas porque les parecen divertidas

- Ponen el foco no en lo que hacen sino en cómo lo hacen
- Tienen claras las metas intermedias del proceso
- Equilibran perfectamente las dificultades y sus destrezas
- Excluyen las distracciones
- No tienen miedo al fracaso
- Distorsionan su sentido del tiempo
- La actividad se convierte en autotélica

La satisfacción de una tarea correctamente ejecutada es un factor motivador para la persona. Favorece el rendimiento pues genera una satisfacción en la persona y se va retroalimentando constantemente.

Las tareas que son de bajo nivel de reto y poca demanda de habilidad pueden generar apatía ya que van tremendamente ligadas a la rutina. Si la persona posee poco nivel de habilidad y la tarea es altamente retadora generará en la persona elevados niveles de ansiedad ya que se percibe y sabe poco capacitado para afrontar la tarea.

Cuando alguien está en "estado de flujo" entiende su trabajo como una diversión de la cual disfruta profundamente sin tener consciencia del esfuerzo que le pueda suponer. Está **supermotivado**.

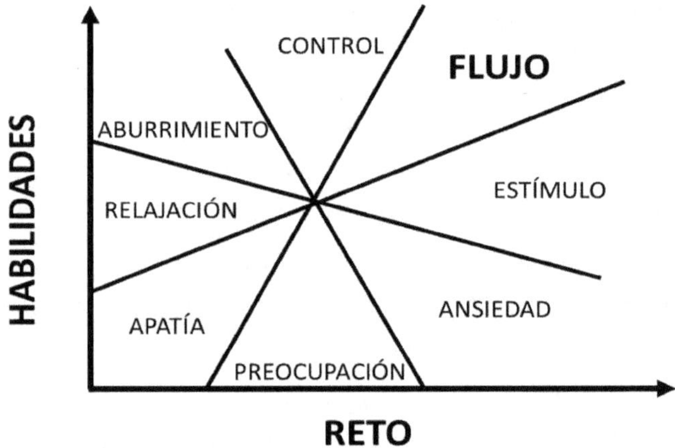

Las tareas de personas altamente cualificadas que supongan poco reto generan un estado de aburrimiento ya que su capacidad no precisa de reto. El estado de flujo óptimo se da cuando las personas con alta capacidad en una tarea son expuestas a situaciones o tareas de alto reto.

Según el autor podemos llegar a alcanzar este estado mediante un entrenamiento de la atención. Pero este esfuerzo que le estamos pidiendo a nuestro cerebro no debe ser forzado ya que eso implicará un mayor desgaste y por tanto se activarán muchas áreas no necesarias del cerebro que nos impedirán alcanzar este nivel de flujo.

Podríamos definir el acto de motivar por parte del entrenador como el conseguir que sea importante para el deportista lo que es importante para el entrenador, siempre teniendo en cuenta criterios morales, éticos, de valores, técnico-tácticos acordes con el nivel de rendimiento y personales, etc. En ese sentido el desarrollo del talento sería pues el facilitar el camino del éxito a la persona que se entrena, alinear sus competencias a sus deseos (objetivos).

Fundamental en este punto será el tener en cuenta los parámetros de motivación al logro o resultado, y motivación a la tarea o acto de ejecución específico que se realiza. Tan importante es uno como el otro sabiendo que en edades de desarrollo debemos hacer mayor hincapié en la realización técnica, en la tarea, por tanto.

La forma de estructurar el entrenamiento y la competición precisa de lo que podemos denominar como clima motivacional contextual. En ellos deben darse situaciones caracterizadas por la competición interpersonal, la evaluación pública y retroalimentación normativa sobre el desempeño de las tareas que ayuden a que aparezca un estado de implicación personal (Cervelló Gimeno, 2002). Según Cervelló (2002) el clima motivacional situacional es el responsable de la aparición del estado de implicación referido a criterios de éxito. Estos entornos que enfatizan el proceso de aprendizaje, la participación, el dominio de la tarea y la resolución de problemas tienden a fomentar la aparición de una implicación a la tarea.

El entrenador es un agente social, pues consideramos su función desde una perspectiva social-cognitiva (Nicholls, 1989), tanto por las variables personales como por las situacionales, que serán las responsables de los pensamientos, sentimientos y conductas de las personas. En los entornos de logro, los objetivos de logro, gobiernan las creencias sobre el logro y guían de forma consecuente nuestro comportamiento.

> *"El entrenador juega aquí un papel de primer orden en la medida que sirve para dar confianza, es el ancla en el que se amarrará el deportista cuando así lo necesite. Es el faro que alumbrará las dudas del deportista ante aspectos del deporte o de su propia vida. Tomar conciencia de ello es imprescindible para poder guiar consecuentemente la carrera deportiva del deportista"*
>
> *(Ruiz Pérez y Sánchez Bañuelos, 1997).*

El entrenador debe diseñar un ambiente que mejore el aprendizaje, la ejecución y el desarrollo del joven deportista, aumentando su motivación al ser evaluados por su mejor técnica y por su esfuerzo con un feedback y un refuerzo bien proporcionados (Boixadós et al., 1998).

La influencia que ejerce el entrenador como líder del grupo deportivo es un aspecto muy importante de la socialización (Peiró, 1990): su estilo de dirección, su conducta de apoyo social y refuerzo, la forma de instruir y la información y feedback que proporciona a los deportistas serán determinantes en el rendimiento general del deportista.

La motivación en el deporte de competición

En el deporte de competición, el principal objetivo de la motivación es el conseguir el máximo rendimiento deportivo.

- La **motivación básica**: determina el compromiso del deportista con su actividad. Tiene que ver con el interés y ambición de los deportistas por los resultados deportivos, su rendimiento personal y las consecuencias beneficiosas de ambos.
- La **motivación cotidiana**: se refiere al interés del competidor por la actividad diaria y la gratificación inmediata que produce por sí sola. Tiene relación con el rendimiento personal cotidiano y el disfrute de la actividad y las circunstancias que la rodean. Para un deportista además de estar motivado por las competiciones, le debería apetecer como actividad concreta y le debería interesar y gustar realizar actividades complementarias a su disciplina deportiva.

En momentos críticos para la motivación básica (perspectiva de futuro de los posibles logros) la motivación básica puede ayudar a superar esos momentos. Por el contrario, cuando la actividad diaria no propicia el entusiasmo y el interés necesario, una buena motivación básica eleva la tendencia cotidiana al esfuerzo y la superación

1. La **motivación intrínseca**: es la que viene de dentro de la persona y no depende de reforzadores de la propia actividad
2. La **motivación extrínseca**: depende fundamentalmente de reforzadores externos (premios, aplausos, dinero, etc.) los deportistas que dependen en exceso de esto son más vulnerables a que su motivación pueda bajar.

Algunas pautas para la motivación en los deportistas

- Considerar también la situación extradeportiva del competidor
- Valorar los costes de participar en competiciones

- Incentivar apropiadamente y de forma individualizada
- Motivarle sólo por objetivos alcanzables
- Motivar por objetivos amplios, a largo plazo, pero con etapas intermedias de logro
- Comunicarse con los deportistas y elegir los momentos de la temporada más adecuados para trabajar la motivación

La motivación en el entrenamiento

En el entrenamiento el deportista debe afrontar numerosas exigencias que pueden resultar más llevaderas con una buena dosis de motivación. Asimismo, la cantidad de entrenamiento que debe realizar de forma diaria le obliga a sacrificar cosas de su vida cotidiana. Por tanto, una buena dosis de motivación básica, estable por los logros y sus consecuencias, junto a una motivación más específica, centrada en la tarea, en lo cotidiano, y en el disfrute por la actividad diaria es la combinación más apropiada para conseguir el máximo rendimiento.

Situaciones estresantes del entrenamiento deportivo

- Ambiente de trabajo negativo (club, compañeros, instalaciones)
- Cargas de trabajo que tiene que soportar (cuantitativas y cualitativas)
- Monotonía en las tareas a realizar y tipo de entrenamiento
- Pobre comunicación con entrenador y compañeros

La motivación es importante, pero más necesario es generar voluntad, capacidad de tener la motivación dirigida por la inteligencia, por el aprendizaje. ¿Qué es mejor, decidir voluntariamente el propio comportamiento o estar a merced de cualquier incitación o movimiento del ánimo? Parece que es más conveniente tener voluntad:

"La disciplina es lo que primeramente transforma la animalidad en humanidad"

3.2. PARADIGMA DE LA MOTIVACIÓN

La motivación tiene que ver con los éxitos y los fracasos. Con el mejor manejo de ellos. La propia vida es como una competición en el que hay muchas partes, buenas y malas, hay muchas secciones diversas en donde en unas estamos mejor y en otras peor, y que unas se nos dan mejor o peor que otras. Esto es el deporte, una gran aventura en donde podemos estar cansados, pero donde nunca podemos desfallecer porque sabemos que llega un momento donde se nos van a dar mejor las cosas. Es a la vez necesariamente un gran reto. Esa necesidad de ponernos objetivos muy potentes, siempre con deseo de conseguirlos y siempre luchando por tener las posibilidades de hacerlo, así es que siempre hay que seguir trabajando, formándose y preparándose para entender mejor y más el mundo que nos rodea con su gente necesariamente incluida. Por eso hay que tener un gran reto, una gran gestión emocional y mucha experiencia y formación sobre las que apoyarse para tener el mejor entendimiento de la realidad y sobre todo de nosotros mismos.

La motivación entonces tiene que ver con los objetivos, con el establecimiento de objetivos. Hay que ponerse buenos objetivos en la vida y siempre que sean en cierto modo retos, pero que sean conseguibles, bien a medio o a largo plazo. También son muy importantes y necesarios los objetivos pequeños a corto plazo, esos faritos que nos dan pistas y posibilidad de ir llegando a los otros. También por tanto hay que prepararse mucho para poder ir teniendo lo otros más grandes. Hay que saber ajustar bien y luchar cada día por ellos, por lo que hay que establecerse objetivos intermedios que nos hagan ver que estamos llegando como los jalones puestos en un recorrido de esquí de fondo.

La motivación entonces tiene que ver con el deseo de conseguir algo bueno, algo propuesto. Para ello hay que necesariamente tener la capacidad de imaginar, de soñar, de pensar, de crear imágenes, imágenes potentes y claras. Con trabajar lo que los expertos llaman la "practica en imaginación". Con la representación del fin pretendido, que es la primera fase del "acto voluntario" al que siguen la deliberación de los pros y los contras, la decisión y la ejecución final. Bien, los entendidos en el tema te dicen que, a mayor representación y visualización del fin pretendido, las otras fases se producen con mayor facilidad.

La motivación tiene también que ver, claro, con el deseo de salir de algo malo. Este es un objetivo potente que tiene que estar en nuestros pensamientos y acciones y no dejar de visualizarlo. Así nos guiará de forma potente a nuestra meta. Recordemos ahora ese liderazgo de Shackleton que estando atrapado en la Antártida pudo salir, con toda su gente sana y salva, después de más de un año de peripecias y penurias por el hielo antártico.

La motivación tiene que ver con dar valor a cosas pequeñas, cosas que nos pasan inconscientes, de las que a veces no reparamos. Por eso, hay que estar muy atentos a nuestro entorno más inmediato, ser muy observadores, percibir lo más elemental de las cosas y de la gente, estar pendientes de las cosas más insignificantes y de los pequeños gestos de las personas que nos acompañan en nuestro caminar de la vida. Por ello hay que saber escuchar, tener empatía, que nos importe el otro, lo que dicen, lo que hacen. Tener presente siempre los verbos a conjugar cada día en ese orden ascendente: respetar, considerar, reconocer, confiar, apreciar, valorar, querer, amar.

La motivación, claro, tiene que ver también con conseguir que nos respeten, consideren...amen. Hay un video muy bonito en internet desde hace mucho tiempo que es un padre con su hijo discapacitado haciendo un ironman. Es muy emotivo y se ve como el padre hace lo que sea para que su hijo sienta el amor y sienta la emoción de un reto como ese.

Por esto mismo, la motivación tiene que ver con ser consciente de lo inconsciente, con necesariamente realizar una introspección y empezar por conocernos a nosotros mismos. ¿Quién soy yo? Bien, esta es una pregunta que no siempre podemos contestar. Que queremos en la vida, que nos gusta, porque estamos aquí, como soy yo, en definitiva, son preguntas que a veces no podemos contestar de forma efectiva. Sabiendo que yo soy en función también de los demás. Sabiendo que la mayoría de veces estamos solos y que debemos saber estar solos. ¿Sabemos estar solos? Probemos. Probemos a hacer viajes solo, a pasar más tiempo con nuestro dialogo interno y con nuestros pensamientos.

La motivación tiene que ver con balancear la vida y cada día hacia lo positivo más que a lo negativo. Con echarnos a la espalda los pros y los contras de algunas decisiones y con tener un movimiento hacía lo positivo. Cuantas veces decimos a los entrenadores y padres que valoren lo positivo conseguido en los niños y se lo digan, que refuercen lo, a veces, poco conseguido positivo sobre lo negativo de las acciones y actitudes. Con mirar por el retrovisor de la vida y ver siempre "la suerte" que he tenido y lo que he hecho sobre lo recorrido en fango y maleza.

La motivación tiene que ver con tener gente alrededor a la que querer. Y eso es esfuerzo de cada día por mejorar relaciones y por cuidar relaciones. Dar el paso primero. Nos sobra cariño y amistad. Tú da sin pedir nada a cambio. Tú da, que ya te llegará por muchos lugares amor. Pon un "me gusta" en Facebook más a menudo y con gente a la que a veces no tienes tanta relación.

La motivación, por eso, tiene que ver con tener gente alrededor que nos quiera. Por eso hay que regar el cariño y amistad cada día. Así con todo, sobre todo con nuestros deportistas. Cuidar lo que se tiene, e incluso lo que no se tiene. Por ello no mirar de reojo a nadie. No tener desconfianza. Como ocurre en las redes sociales de internet, que a veces "miramos" de reojo a la gente y no la decimos nada.

La motivación tiene que ver por tanto con la conjugación de estos verbos en este orden descendente: ser, estar, crear, conocer, hacer, tener. Con la escala de valores. Donde lo primero es nuestra identidad, establecida o/y deseada, para luego tener la posibilidad y necesidad de llevarlo a la práctica de la vida. Donde los hijos, y alumnos, son la creación más sublime. Donde conocer tiene que ver con viajes, gente, lugares, situaciones. Donde hacer es tener la capacidad de poner en práctica y ser activo. Y donde el tener cuestiones materiales o de posesión no debe prevalecer sobre lo anterior.

La motivación tiene que ver así mismo con el nivel de activación. Se generan distintos pensamientos con distintos niveles de activación. Así que hay que activarse para generar los mejores pensamientos y con ello las mejores acciones que procuren los mejores sentimientos. La motivación tiene que ver con la mejor valoración de lo acontecido, de lo ocurrido. De lo que nos pasa cada día y de lo que nos ha pasado a lo largo de nuestra vida. De la evaluación del deporte, de la educación, de la organización...y de la vida. Se habla de objetivos de realización y ejecución sobre los objetivos de resultado. Hay que focalizar más la atención en los objetivos de realización técnica, de lo que estamos consiguiendo en nosotros en cuanto a habilidades, capacidades, etc., y no tanto de lo conseguido en términos de resultado aséptico. Focalizar en como lo estamos haciendo y tratar de mejorarlo y de ver y saber que lo estamos consiguiendo, en el que la importancia está en la mejor relación entre las capacidades dominadas y la autoeficacia percibida. Y es que es tan importante ser capaz como creerse capaz. Y para ello hay que saberse capaz.

Por eso la motivación tiene que ver también con el refuerzo, con el que nos dan y con el que nos tenemos que dar nosotros mismos. Tenemos que ser capaces de querernos más y de darnos de vez en cuando un besito en la mejilla ayudado con nuestras yemas de los dedos de las manos. De regalarnos una flor u otra cosa parecida. Y dejarnos reforzar, y que nos ayude a seguir subiendo escalones sin por ello caer en la necesidad de aprobación.

La motivación tiene que ver como ya te he dicho con los pensamientos, con los sentimientos, con la acción. Con las palabras. La PNL, la programación neurolingüística, es lo que nos propone. Lo que pensamos, lo que nos decimos, lo que hacemos está muy unido, por lo que una o dos de esas cosas juntas ayudan a la tercera a posibilitarse. Por ello habrá que trabajar más el lenguaje, nuestras palabras, frases, lo que nos decimos para que provoquen los mejores pensamientos y con ello la mejor acción. Y viceversa. Todo ello generará los mejores sentimientos que intentaremos perduren en el tiempo siempre que potencien nuestra acción. En el deporte se trabaja en forma de autoinstrucciones y autoafirmaciones eficaces y potentes.

Por esto la motivación tiene que ver con el compromiso hacia ti y hacia los otros. No hay otro concepto que pongan por delante los entrenadores deportivos cuando se les pregunta qué tipo de deportista quieren. Tú te comprometes y cuando te crees ese compromiso es uno de los factores que más mueven la conducta humana. El compromiso con tus propios retos y con tu forma de ser y estar en el mundo.

La motivación entonces tiene que ver con el desarrollo, con crecer, con avanzar. Con saber que lo estamos haciendo, y haciendo con nuestros valores. En deporte lo han llamado también deseo de excelencia. Ese deseo constante y continuo de querer ser más y llegar a mas (sin machacar a nadie alrededor) de deportistas excelentes, donde siendo a veces buenos talentos, lo más importante es el denominado "trabajo deliberado" que no es más que hacer las cosas a propósito, sabiendo que es lo que tenemos que hacer y sabiendo que hay que hacer mucho de ello.

La motivación tiene que ver también con valorar lo de atrás en su justa medida. Con no dormirnos en los laureles. Principalmente porque la mayoría de las veces no hay laureles, y porque lo conseguido no significa nada respecto a lo que tenemos delante de nosotros. Tengamos la edad que tengamos. "Piensa como si fueras a morirte dentro de 100 años y siente como si mañana fuera el último día de tu vida".

La motivación tiene que ver con conseguir logro, claro, con conseguir pequeños logros, por lo tanto, con el esfuerzo, con el trabajo, con el sufrimiento y con la incertidumbre. Con la incertidumbre y con la necesidad de salir de ella. Con el constante deseo y necesidad de sobrepasar la llamada "zona de confort" para terminar equilibrándonos y estabilizándonos por nuestro trabajo y superación. Esto es una definición de inteligencia, la de adaptación al entorno y la asimilación por nuestra parte de lo que ocurre a nuestro alrededor. Piaget y otros psicólogos lo dicen para los niños y su avanzar en la vida: hay constantes desequilibrios que son estabilizados por nuevas recomposiciones mentales. El riesgo está unido al error necesariamente.

La motivación tiene que ver con la voluntad, la fuerza de voluntad, con la superación, con el inconformismo. Con tener la conciencia de que tenemos en mayor medida la llave de nuestro destino. De que somos como un globo aerostático, con el que nuestro viaje depende, claro, de las condiciones meteorológicas, pero que, con buena pericia técnica, con capacidades mentales apropiadas y con perseverancia, tolerancia a la frustración y a la demora, y con algo de suerte, podemos aterrizar lo más próximo al punto deseado.

Y, por último, la motivación tiene que ver con relativizar las cosas. Con introducir en la consideración de un asunto, aspectos que atenúan su importancia. Por eso, tenemos que emocionarnos con videos como el del niño que rescatan de un agujero en Haití, después de varios días del terremoto y sale vivo, con los brazos abiertos y una sonrisa de oreja a oreja.

Pero cuidado, a la motivación a veces se la trata como una panacea, como el mayor de los remedios y con la que todo tenemos que vincularlo con ella y esta es la primera crítica sobre el concepto, no tenemos que dejar que sea solo la motivación la que nos guie, debemos trabajar con la voluntad y sin ganas, a veces, muchas veces, no estando nada motivados. Esto es lo primero, no siempre hay motivación y no hay que esperarla, hay que salir a buscarla y hay que hacer cosas no estando ella con nosotros.

Como conclusión de este tema proponemos algunas premisas conceptuales fundamentales para el entendimiento y mejor establecimiento de la óptima disposición personal al entrenamiento y a la competición deportiva:

- **La motivación tiene que ver con los éxitos y los fracasos.** Con el mejor manejo de ellos.
- **La motivación entonces tiene que ver con los objetivos, con el establecimiento de objetivos.**
- **La motivación entonces tiene que ver con el deseo de conseguir algo bueno,** algo propuesto.
- **La motivación tiene también que ver, claro, con el deseo de salir de algo malo.**
- **La motivación tiene que ver con dar valor a cosas pequeñas,** cosas que nos pasan inconscientes.
- **La motivación tiene que ver con balancear la vida** y cada día hacia lo positivo más que a lo negativo.
- **La motivación tiene que ver con tener gente alrededor a la que querer.** Y eso es esfuerzo de cada día por mejorar relaciones y por cuidar relaciones.

- La motivación tiene que ver con tener **gente alrededor** que nos quiera.
- Por esto la motivación tiene que ver con el **compromiso hacia ti y hacia los otros**.
- La motivación tiene que ver **con el desarrollo**, con crecer, con avanzar.
- La motivación tiene que ver con conseguir logro, con **conseguir pequeños logros**, con el esfuerzo, con el trabajo, con el sufrimiento y con la incertidumbre.
- La motivación tiene que ver con la **voluntad**, la fuerza de voluntad, con la superación, con el inconformismo.
- Y, por último, la motivación tiene que ver con **relativizar las cosas**.

3.3. LIDERAZGO, COMPROMISO Y ASERTIVIDAD

Para que exista liderazgo, por tanto, se precisa primero de un grupo de personas con un sentido de pertenencia determinado por los procesos grupales positivos y eficaces que hacen influir sobre la eficacia individual de los miembros en particular y sobre la del grupo en general.

Equipo se define como un grupo de personas responsables comprometidas por un propósito común. Número reducido de personas con habilidades complementarias, comprometidos con un propósito común de objetivos de rendimiento y enfoque, de los que se sienten mutuamente responsables.

Pero, ¿qué es dirigir?: enderezar, llevar rectamente una cosa hacía un término o un lugar señalado. Guiar, mostrar el camino. Gobernar, regir, dar reglas. Aconsejar o gobernar

Y ¿qué es liderazgo?: el miembro que ejerce influencia sobre otros. (Influencia voluntariamente aceptada y compartida). Persona con influencia demostrable sobre la eficacia total del grupo. El líder, pues, posee un conjunto de cualidades que le permite lograr una posición de dominio en cualquier situación. Por lo que liderazgo es:

- Es un proceso de interacción y de influencia entre personas dentro de un entorno situacional concreto.
- Es un proceso conductual que influye sobre las actividades de un grupo organizado dirigido a obtener unas metas específicas.
- Significa también saber crear un sistema de creencias y valores en sus seguidores.

- El liderazgo efectivo varía en función de las características de los deportistas y de las limitaciones de la situación.

Donde el líder es el principal comunicador y donde su papel de emisor es tan importante como el mensaje en sí.

Los líderes son quienes coordinan y equilibran los intereses de todos los grupos que de una u otra forma tienen interés en la organización, incluidos el equipo de dirección, los demás directivos y todos aquellos que participan de la función de liderazgo.

Son enlace entre el equipo y el resto de la organización, con conocimientos sobre resolución de conflictos, habilidades de comunicación y grandes dotes de consenso.

La principal herramienta del líder es, entonces la asertividad y el manejo de conflictos.

Ser asertivo es ser capaz de decir no, ser capaz de expresar tu opinión, ser capaz de comunicarte adecuadamente y ser capaz de defender tus derechos a la vez que se expresan coherentemente los sentimientos.

La asertividad es el proceso de expresar sentimientos, pedir favores razonables, dar y recibir una retroalimentación honesta. La capacitación en la asertividad consiste en enseñarle a la gente a adquirir formas eficaces de sortear varias situaciones productoras de ansiedad. Causas para la falta de asertividad son la ansiedad excesiva, el escaso roce social, la baja autoestima y el tener una mente rígida.

Un buen liderazgo requiere, por consiguiente, unos niveles mínimos de comunicación efectiva, donde el contenido de las relaciones debe estar tanto en el nivel intelectual (lenguaje verbal Información concreta, datos, ideas, etc.) como en el nivel emocional (lenguaje no-verbal, miradas, tonos de voz, gestos, actitudes, etc.

Una comunicación efectiva supone entonces saber escuchar:

- Mayor entendimiento y confianza
- Disposición para expresar ideas
- Reconocimiento por el esfuerzo.
- Interés en compartir información
- Convicción y credibilidad

No saber escuchar genera:

- Ideas mal interpretadas
- Problemas no resueltos
- Decisiones no efectuadas
- Reuniones dilatadas
- Proyectos no atendidos
- Sugerencias ignoradas
- Baja moral

El liderazgo requiere, por tanto:

- Escuchar efectivamente
- Comunicarse efectivamente (en forma oral)
- Impartir instrucciones claras y efectivas
- Aceptar responsabilidad en los problemas
- Identificar el problema real
- Administrar el tiempo, establecer prioridades
- Otorgar reconocimiento por el desempeño excelente
- Comunicar las decisiones
- Cambiar las prioridades, si es necesario
- Explicar el trabajo
- Retroalimentación en sesiones de comunicación
- Prepara un plan de acción
- Definir los requisitos para el trabajo
- Implementar efectivamente el cambio organizacional
- Desarrollar objetivos escritos
- Participar en seminarios y leer

Según Mondría, J. (2006), el decálogo de la excelencia del liderazgo pasa por:

1. Interesarse por los otros
2. Ser autoexigente
3. Controlar el entorno
4. Marcarse objetivos
5. Programar las acciones
6. Comunicar con eficiencia
7. Trabajar en equipo
8. Tomar decisiones
9. Ser creativo
10. Ocuparse de uno mismo

3.4. PLAN MOTIVACIONAL COMO PROYECTO DE FUTURO. EL ÉXITO. LA EXCELENCIA

La motivación tiene una influencia decisiva tanto en el entrenamiento como en la competición, y determina en gran medida la continuidad y la calidad de su participación ya que facilita que el organismo de los deportistas se encuentre alerta, física u mentalmente, para poder afrontar con éxito las demandas concretas de ambos contextos.

De la motivación dependen cuestiones tan importantes como el interés para afrontar algunos entrenamientos, y el espíritu de lucha ante múltiples dificultades a superar.

Para que haya alegría, satisfacción y motivación en la experiencia deportiva de los deportistas más jóvenes, debe existir un equilibrio entre las habilidades del propio niño y las demandas que percibe de su entorno (Rius i Sant, 1995). El mejor establecimiento de metas es conveniente con los niños y adolescentes, dado que posibilita la mejora del rendimiento deportivo y al mismo tiempo permite que el ejercicio se convierta en algo agradable y divertido, favoreciendo la motivación y la autoconfianza.

Un deportista valorado y aceptado siente la necesidad de mejorar. La confianza florece en entornos en los que hay buena comunicación y respeto. La coherencia personal es la clave para lograr la confianza (Lynch, 2003).

En ese sentido Soufi, Samer apunta 10 claves del éxito:

1. Deseo de excelencia, de ser mejor
2. Tolerancia a la frustración, resistencia a la adversidad
3. Fuerza de voluntad, de esfuerzo, de superación
4. Capacidad de diseñar estrategias eficientes
5. Disfrutar con lo que se hace y estado de ánimo positivo
6. Capacidad de trabajo en equipo
7. Liderazgo emocional y carisma
8. Planificación y organización
9. Automotivación y ser motivador de los demás
10. Buena gestión y desarrollo del talento

Sentir todo ello y hacerlo sentir en los demás. Generar emociones con tu forma de ser y estar. Ser inspirador.

1. Deseo de excelencia, de ser mejor. Muchas veces el deseo de ganar es más importante que la técnica del deportista o del equipo. (Sobre todo en situaciones de presión o agotamiento fí-

sico o mental). La ambición de ganar aumenta considerablemente las probabilidades de alcanzar el éxito.

2. Tolerancia a la frustración, resistencia a la adversidad. La perseverancia es el común denominador de todas las situaciones de éxito.

3. Fuerza de voluntad, de esfuerzo, de superación. La práctica es el ingrediente esencial en el éxito, las horas dedicadas y el nivel de desempeño alcanzado. 10 años o 10000 horas. La práctica deliberada. Voluntad de cambio. Voluntad + disciplina + esfuerzo + pasión + objetivos + planificación a largo plazo + perseverancia + confianza en uno mismo + asumir riesgos + pensamiento positivo + análisis realista de fortalezas y debilidades + estilo de vida saludable.

4. Capacidad de diseñar estrategias eficientes. Organización táctica estructural. Sistema de juego bien definido. Cada componente saber lo que tiene que hacer. Sacar el máximo de cada componente. No solo importa la táctica en el terreno, también la perspectiva general de lucha competitiva. Generadora de la mejor toma de decisiones.

5. Disfrutar con lo que se hace y estado de ánimo positivo. Fluir. Competencia inconsciente. Estado de máximo rendimiento. Sensación de paz interior. Estar entregados a la tarea. Este clima positivo se puede estimular. Ambiente de rendimiento, creatividad e innovación.

6. Capacidad de trabajo en equipo. La fuerza de un equipo es cada uno de sus miembros. La fuerza de cada uno de los miembros es el equipo. Liderazgo con margen de iniciativa. Cohesión: relaciones interpersonales y espíritu de cooperación. Importancia de las emociones colectivas del grupo.

7. Liderazgo emocional y carisma. Grandes capacidades de comunicación y persuasión social. Y capacidad de tolerar conflictos y situaciones de estrés. Calma, madurez, paciencia son cualidades clave para el éxito. Los líderes carismáticos actúan como gestores emocionales del grupo. Sincronizando emocionalmente al equipo. Respeto y admiración. Emerger y generar.

8. Planificación y organización. A menudo, el éxito viene determinado por la planificación y la estrategia. El paso previo a la planificación es el establecimiento de objetivos. Si podemos predecir correctamente, podremos tomar buenas decisiones. Alcanzar una gran meto requiere de un plan bien elaborado unido a disciplina, control y actitud mental. Necesaria la capacidad de imagi-

nar, visualizar, traer el futuro al presente para manipularlo y crear.

9. Automotivación y ser motivador de los demás. Vincular objetivos a necesidades, intereses, expectativas. Metas que inspiren su logro de forma intensa y apasionada. Hay que aumentar el grado de identificación emocional. Crear algo que emocione. Branson, de Virgin se aseguraba de que sus empleados se divirtieran trabajando.

10. Buena gestión y desarrollo del talento. Los niños que triunfan en una determinada actividad, han contado en sus inicios con entrenadores de base que les han contagiado la pasión y el entusiasmo por dicha actividad. Aquí la confianza es al mismo tiempo el resultado y la causante del éxito.

Nuestro nivel de confianza viene determinado por el historial de éxitos y fracasos, y, sobre todo, por la interpretación que hacemos de ellos. Nuestra interpretación modulara nuestros sentimientos que incidirán en nuestras expectativas y motivaciones.

Un buen líder debe tener la capacidad de identificar posibles áreas de mejora en los colaboradores. Hay que ayudarles a adquirir nuevas capacidades y habilidades. Google y su cultura de innovación hizo de la motivación y de las personas el eje central de su estrategia organizaciónrial. Siempre buscando un entorno que genere la mayor riqueza creativa.

El éxito: todos somos capaces de alcanzarlo si se dan las condiciones adecuadas. La clave está en encontrar el compromiso de las personas con el proyecto (compartido).

Construye tu sueño

1. CONOCIMIENTO DE SI MISMO — quien soy yo.
2. TU INTERIOR — introspección
3. CUIDADO CON LO QUE TE DICES — diálogo interno
4. SALIR DE LA ZONA DE CONFORT — autocritica
5. SENTIMIENTO DE EFICACIA — percepción de eficacia
6. PLAN DE FUTURO — objetivos y planificación
7. TU CONDUCTA — qué haces. Como te muestras.
8. PROGRESO. ANDANDO — acción
9. DISFRUTAR CON LA GENTE — proyecto compartido
10. TE GUSTA EL RETO. — Logro y tarea. Destino/camino.

El éxito es una consecuencia, no un fin

1. Ten sueños, metas e ideales. Conceden sentido a tu andar y marcan el norte de tu brújula vital. Justifican el esfuerzo que realizas. Quien no sabe adónde quiere ir necesariamente se extravía.

2. Que la meta te estimule, pero que no te aplaste. Metas más allá de tus posibilidades pueden frustrarte. Por el contrario, metas demasiado modestas pueden acomodarte y hastiarte.

3. La felicidad no se concentra en el preciso instante de cruzar la meta, hay que saber encontrarla en cada etapa del camino. No la difieras en exclusiva al logro futuro de tus objetivos, disfruta de las pequeñas cosas de cada jornada.

4. No existen los caminos cómodos. Apóyate en el bastón de tu talento; guíate por la brújula de tus metas, sueños e ideales; esfuérzate para vencer las dificultades y superar el desánimo, y planta tus botas en la realidad. Que tu inteligencia y tu intuición te ayuden a escoger la ruta más adecuada.

5. Tu vida es la novela que escribes con tus actos. Los demás reconocen en ti al personaje que proyectas con tus acciones y tu comportamiento. Eres lo que haces y no como piensas que eres. El personaje que los demás ven es más real que la persona que tú crees interiormente que eres.

6. Los conflictos son consustanciales al camino y deberás enfrentarte a ellos. Superarlos te hará crecer como persona. Haberlos sufrido te humanizará y te permitirá comprender mejor a los demás. El camino tiene sentido en su conjunto. Integrará en él los capítulos duros, de dolor y sufrimiento. Aislados, te amargarán; insertos en tu vida entera, adquirirán sentido.

7. La coherencia entre tu persona y tu personaje, entre lo que piensas y lo que haces, entre tus valores y tus actos, te hará sentir bien y te abrirá las puertas de la felicidad. La incoherencia vital convertirá tu camino en una senda insufrible.

8. Los climas y los paisajes cambian a lo largo del camino. No sobreviven los más fuertes, sino quienes mejor se adaptan. La sabiduría conlleva incorporar flexibilidad adaptativa a la fortaleza del tesón.

9. A meta alcanzada, nueva meta planteada. Evitarás el horror vacui de una vida sin proyecto ni norte y te mantendrá motivado y con el talento

presto. Esas metas no sólo deben conjugarse con el "más y más", sino con lo diferente y, sobre todo, con lo mejor.

10.Equilibra en tu camino la razón, los sentimientos, la relación con los demás y el deseo de trascendencia. En esa armonía encontrarás la felicidad. Nunca olvides que debajo de la capa del sabio late un corazón al que nunca se llega a conocer del todo. Cuídalo. No caminas solo: tu felicidad también se encuentra en la de los demás. Lo que das, recibes.

Ser optimistas pragmáticos:

1. Soñar
2. Proyecto. Proyectar
3. Objetividad. Evidencias
4. Ideas. Compartirse. Innovación es el entorno de las ideas
5. No pasa nada si te equivocas. Equivocarse es lo más creativo. Somos lo que hacemos. Procastinación
6. Carrera a largo plazo

Imaginar la vida

Imaginar la vida es una forma de enriquecerla porque la imaginación tiene un impacto mucho mayor sobre la realidad de lo que se creía

- El cuerpo se modifica química y fisiológicamente al ritmo de nuestros pensamientos
- Para ser dueño de nuestros pensamientos el silencio debe ser deliberado y consciente
- Imaginar ayuda a percibir el mundo circundante con mayor credibilidad, cuanto más imaginamos más precisa se vuelve la imaginación y más sutil la percepción del mundo que nos rodea comprendemos mejor con tiempo, sin angustia y eso nos hace más libres

Las 5 técnicas más eficaces que las personas exitosas emplearon son:

1. dividieron sus metas en submetas temporizadas creando un proceso paulatino que reduce el miedo que acompaña los cambios vitales importantes,
2. contaron sus planes a amigos, familiares y colegas, las personas se atienen más a lo que han contado en público,
3. también se recordaban regularmente a si misma los beneficios que obtendrían al conseguir sus metas, para mantener sus beneficios muy presentes,

4. cada submeta alcanzada merecía una recompensa,

5. plasmar sus propuestas de forma concreta en diario o en forma de gráfico

10 claves del éxito (Soufi, S.)

1. Deseo de excelencia, de ser mejor
2. Tolerancia a la frustración, resistencia a la adversidad
3. Fuerza de voluntad, de esfuerzo, de superación
4. Capacidad de diseñar estrategias eficientes
5. Disfrutar con lo que se hace y estado de ánimo positivo
6. Capacidad de trabajo en equipo
7. Liderazgo emocional y carisma
8. Planificación y organización
9. Automotivación y ser motivador de los demás
10. Buena gestión y desarrollo del talento

Y sentir todo ello y hacerlo sentir en los demás. Generar emociones con tu forma de ser y estar. Ser inspirador.

1.Deseo de excelencia, de ser mejor

Muchas veces el deseo de ganar es más importante que la técnica del deportista o del equipo. (Sobre todo en situaciones de presión o agotamiento físico o mental)

La ambición de ganar aumenta considerablemente las probabilidades de alcanzar el éxito.

2.Tolerancia a la frustración, resistencia a la adversidad

La perseverancia es el común denominador de todas las situaciones de éxito.

3.Fuerza de voluntad, de esfuerzo, de superación

La práctica es el ingrediente esencial en el éxito, las horas dedicadas y el nivel de desempeño alcanzado. 10 años o 10000 horas. La práctica deliberada. Voluntad de cambio. Voluntad + disciplina + esfuerzo + pasión + objetivos + planificación a largo plazo + perseverancia + confianza en uno mismo + asumir riesgos + pensamiento positivo + análisis realista de fortalezas y debilidades + estilo de vida saludable.

El éxito aumenta nuestra confianza.

4.Capacidad de diseñar estrategias eficientes

Organización táctica estructural. Sistema de juego bien definido. Cada componente saber lo que tiene que hacer. Sacar el máximo de cada componente.

No solo importa la táctica en el terreno, también la perspectiva general de lucha competitiva. Generadora de la mejor toma de decisiones.

5.Disfrutar con lo que se hace y estado de ánimo positivo

Fluir. Competencia inconsciente. Estado de máximo rendimiento. Sensación de paz interior. Estar entregados a la tarea.

Este clima positivo se puede estimular. Ambiente de rendimiento, creatividad e innovación.

6.Capacidad de trabajo en equipo

La fuerza de un equipo es cada uno de sus miembros...la fuerza de cada uno de los miembros es el equipo. PHIL JACKSON.

Liderazgo con margen de iniciativa. Cohesión: relaciones interpersonales y espíritu de cooperación. Importancia de las emociones colectivas del grupo.

7.Liderazgo emocional y carisma

Grandes capacidades de comunicación y persuasión social. Y capacidad de tolerar conflictos y situaciones de estrés. Calma, madurez, paciencia son cualidades clave para el éxito. Los líderes carismáticos actúan como gestores emocionales del grupo. Sincronizando emocionalmente al equipo. Respeto y admiración. Emerger y generar.

8.Planificación y organización

A menudo, el éxito viene determinado por la planificación y la estrategia. El paso previo a la planificación es el establecimiento de objetivos.

Si podemos predecir correctamente, podremos tomar buenas decisiones. Alcanzar una gran meto requiere de un plan bien elaborado unido a disciplina, control y actitud mental.

Necesaria la capacidad de imaginar, visualizar...traer el futuro al presente para manipularlo y crear.

9.Automotivación y ser motivador de los demás

Vincular objetivos a necesidades, intereses, expectativas. Metas que inspiren su logro de forma intensa y apasionada. Hay que aumentar el grado de identificación emocional. Crear algo que emocione.

Branson, de Virgin se aseguraba de que sus empleados se divirtieran trabajando.

10.Buena gestión y desarrollo del talento

Los niños que triunfan en una determinada actividad, han contado en sus inicios con entrenadores de base que les han contagiado la pasión y el entusiasmo por dicha actividad. Aquí la confianza es al mismo tiempo el resultado y la causante del éxito.

Nuestro nivel de confianza viene determinado por el historial de éxitos y fracasos, y sobre todo por la interpretación que hacemos de ellos. Nuestra interpretación modulara nuestros sentimientos que incidirán en nuestras expectativas y motivaciones.

Un buen líder debe tener la capacidad de identificar posibles áreas de mejora en los colaboradores. Hay que ayudarles a adquirir nuevas capacidades y habilidades.

Google y su cultura de innovación hizo de la motivación y de las personas el eje central de su estrategia organización rial. Siempre buscando un entorno que genere la mayor riqueza creativa.

El éxito: todos somos capaces de alcanzarlo si se dan las condiciones adecuadas.

La clave está en encontrar el compromiso de las personas con el proyecto (compartido).

4. LIDERAZGO Y GESTIÓN DEL TALENTO

4.1. EL LIDERAZGO BIDIRECCIONAL

Interesa el liderazgo, se consigue más con él, pero para que haya liderazgo tiene que haber seguidores. ¿Cómo conseguir que te sigan?, Lady gaga tienen 30 millones de seguidores y ¿esto significa que es una líder?, tal vez, pero ¿gestiona el talento de la gente? El buen, el mejor liderazgo debe ser bidireccional. Una premisa previa, clave y determinante es que los seguidores tienen talento, todo ser humano tiene talento (Gardner, 2002).

Como gestionarlo, como sacar lo mejor de ellos, sacarlo, extraerlo, conducirlo (educere como acepción latina que significa guiar, conducir, sacar, extraer. Gestionar-educar: los verdaderos maestros son generadores de compromiso y motivación, de emociones. El verdadero discípulo no es el que toma de su maestro las cosas, sino los modos, el gran profesor no solo lo es por su aptitud de crear discípulos verdaderos sino por dejarse renovar por ellos.

> " ...era su vida pensar y sentir y hacer pensar y sentir"
> Miguel de Unamuno

y su preocupación por enlazar pensamiento y sentimiento.

Emplean la persuasión:

> "Líder es quien influye en los pensamientos, sentimientos y acciones de otros." (Gardner, H.)

Y el liderazgo tiene necesariamente el condicionante de la motivación. Motivar es, para Marina (2012) *"conseguir que sea importante para ti lo que es importante para mí"*.

Gardner define el rol de líder como quien influye en los pensamientos, sentimientos y acciones de otros y habla de dos tipos de capacidades o competencias en el liderazgo:

- Pericia en los campos
- Pericia en las personas

Para que exista liderazgo, por tanto, se precisa primero de un grupo de personas con un sentido de pertenencia determinado por los procesos grupales positivos y eficaces que hacen influir sobre la eficacia individual de los miembros en particular y sobre la del grupo en general.

Equipo, en su caso, se define como un grupo de personas responsables comprometidas por un propósito común. Número reducido de personas con habilidades complementarias, comprometidos con un propósito común de objetivos de rendimiento y enfoque, de los que se sienten mutuamente responsables.

Donde su relación interpersonal, condiciona la productividad desde la asertividad y la cooperación pivotando en el compromiso:

Un líder de alto rendimiento unido a talentos de alto rendimiento produce necesariamente equipos de alto rendimiento.

Es lo que ocurre en los entornos deportivos excelentes del F.C. Barcelona, del R. Madrid club de fútbol, así como del contexto que se genera entorno a la selección española y sus equipos de categorías inferiores. Esto es, la Masía, Valdebebas y Las Rozas.

Gestionar el talento desde la base es, según Folguera (2012), director de la Masía preocuparse por los deportistas en tanto que son personas a las que hay que madurar emocionalmente. Según él: "Guardiola mima al grupo para que los protagonistas sean los jugadores". Doce jugadores del Barcelona son de la cantera, y a ellos se les transmite filosofía y cultura desde niños.

"Se trata de entender el juego (intelectualmente), lo que exige aprendizaje, comprensión, dedicación, esfuerzo."
Folguera, 2012.

Es una fórmula infalible: buen entorno + formación y desarrollo + aportación económica.

Unida al rastreo de nuevos jugadores jóvenes o "mosqueteros" como los denomina en su libro Gallardo y Cubeiro (2012). Ya de principio hay talento, se criba bien, en otros entornos laborales, etc. eso no es posible y hay que hacer una buena formación. Como se realiza en las mejores organizacións. "Los equipos de alto rendimiento se caracterizan por tener un gran rendimiento provocado por un clima sinérgico de cambio, una actitud generosa, de confianza, de misión compartida por todos los miembros del equipo" Gallardo, V. (2009)

La selección de los miembros por su heterogeneidad, motivación y habilidades es la base del éxito sumado al denominado empowerment (empoderamiento) o responsabilidad y autonomía unidas.

4.2. MENTES LÍDERES: LA TEORÍA DE HOWARD GARDNER

Como hemos dicho, siguiendo a Gardner, *"Líder es quien influye en los pensamientos, sentimientos y acciones de otros."* En ese sentido inteligencia es considerada aquí como potencial biopsicológico y el autor de *"Mentes líderes"*, propone una serie de definiciones en torno a conceptos adyacentes al liderazgo y gestión del talento:

- **Prodigio**: forma extrema de talento en una especialidad.
- **Experto**: dominio de técnica y conocimiento del área o especialidad. Ha trabajado más de una década en una especialidad.
- **Creativo**: produce novedad en una especialidad. Se puede ser experto sin ser creativo y se puede ser creativo sin ser experto.
- **Genio**: experto+creativo

El talento es una señal de potencial biopsicológico precoz en cualquier especialidad.

El experto acepta la especialidad y el ámbito, mientras que el creativo desafía la especialidad y el ámbito. El niño crea sin respetar la especialidad o el ámbito. El genio realiza el círculo completo. El genio desafía la especialidad y el ámbito siendo experto en ambos. Transcendiendo ambos.

La creatividad (Csikszentmihalyi) es el resultado de la interacción de tres elementos:

a) Un creador potencial
b) Un ámbito existente en la cultura
c) Un campo. Conjunto de personas o instituciones que juzgan la calidad de la obra producida.

Las inteligencias múltiples de Gardner son:

1. Inteligencia lingüística
2. Inteligencia lógico-matemática
3. Inteligencia espacial
4. Inteligencia musical
5. Inteligencia corporal y kinestésica

6. Inteligencia intrapersonal (personal 1): capacidad de formarse un modelo de uno mismo.

7. Inteligencia interpersonal (personal 2): capacidad para entender a los demás.

Y como factores de creatividad se proponen:

- Exposición temprana a personas que se sienten cómodas corriendo riesgos.
- Oportunidad de destacar siendo joven.
- Entorno de triunfo, pero no fácil.
- Compañeros dispuestos a experimentar y tolerantes al fracaso.
- Crecer en un ambiente familiar que anime a la rebelión o la tolere.
- Posición marginal dentro de su grupo por discapacidad física, psíquica o social.

Las personas creativas conocen sus puntos fuertes y se vuelcan en su ventaja competitiva. No desperdician el tiempo y no se lamentan porque otros lo hagan mejor.

Gardner analiza el liderazgo desde uno de los aspectos más importantes: el fuerte vínculo existente entre los creadores tradicionales, artistas y científicos y los líderes del mundo de los negocios, la política y el ejército.

Unos de manera directa, a través de las historias que comunicaban a diversos auditorios: como Winston Churchill y a otros que ejercieron su influencia de manera indirecta a través de las ideas que elaboraron y los modos en que esas ideas fueron plasmadas o concretadas: como Albert Einstein.

Diversos tipos de líderes, personas que, mediante la palabra y el ejemplo personal, influyeron acusadamente en las conductas, pensamientos y sentimientos de un número importante de personas.

Por ello la responsabilidad particular del líder es ayudar a otros individuos a determinar sus identidades personales, morales y sociales. Aquellos líderes que manifiestan carisma, espiritualidad y una mezcla enigmática de elementos ordinarios y extraordinarios atraen a menudo a los demás.

Líderes lingüísticamente inteligentes: maestría en relatar historias. Comunicador eficaz, es una característica. El dominio del sistema simbólico lingüístico es crucial para la mayoría de los líderes directos.

Gardner diferencia entre:

- **Liderazgo indirecto**, que opera principalmente dentro de un campo. Los líderes operan fundamentalmente a través de los productos simbólicos que crean.
- **Líder directo** que tiene el potencial para superar las diferentes bases de destreza y conocimiento.

Líderes son, por tanto, aquellos que están en disposición a asumir riesgos y a cuestionar la autoridad. Además, parte del liderazgo consiste en tener un programa y en establecer una estructura u organización que ayude a poner ese programa en práctica.

Otras características de liderazgo son:

- Relaciones serias con innumerables personas.
- Problemas en la infancia. Relaciones paternas negativas: lo que implica más madurez emocional.
- La situación.
- Convicción y disposición.
- Actitud desafiante.
- Pensar a gran escala.
- Destrezas lingüísticas y de lenguaje oral y escrito.

Los líderes cuentas historias y las encarnan. Los líderes deben encarnar de forma convincente las historias que cuentan en sus auditorios. Trabajo y entrega. Coraje. No necesariamente consiguen sus sueños.

El liderazgo eficaz, pues, requiere mucho más que dotes personales y ambición desmedida. Debe estar en sintonía con un auditorio que se plantea cuestiones básicas y busca un guía, particularmente en lo referente a temas de identidad. El liderazgo nunca está garantizado, se debe renovar siempre. Ser flexible sin dejar de luchar. Debe reflexionar, ya que, si falta tiempo para la reflexión, el líder corre el riesgo de perder su sentido vital. Los grandes líderes producen fuertes reacciones. Todos los grandes líderes experimentan el fracaso.

6 constantes de liderazgo:

1. Historia: un líder debe tener un mensaje central
2. Auditorio (seguidores): relación compleja e interactiva
3. Organización: el liderazgo duradero exige de una labor institucional y organizativa

4. Encarnación: encarnar la historia. Ser ejemplo. Vida ejemplar implica valoración
5. Pericia en el campo: más o menos conocimiento y producción de ello.
6. Liderazgo directo/indirecto

Liderazgo directo/indirecto: lideres creativos...influencia indirecta. Liderazgo directo...más eficaz a corto plazo

Los líderes indirectos tienen una influencia más duradera y por lo general poseen de mayor conocimiento.

Por su parte, los líderes directos tienen una mayor influencia directa (como son los políticos) y menor conocimiento y sabiduría.

El liderazgo es una organización básicamente cognitiva:

- Liderazgo indirecto (líder creativo): creación de productos simbólicos
- Liderazgo directo (líder tradicional): relación de sus historias y su encarnación

El Liderazgo positivo tiene que ver con la perspectiva prosocial. De ayuda a los demás. Algo así como la responsabilidad social del individuo que luego deberá traducir y plasmar en la visión de su organización y seguidores con la responsabilidad social corporativa o organizaciónrial.

Un líder solo tendrá posibilidades de alcanzar el éxito si puede:

a) Elaborar y comunicar de forma convincente una historia clara y persuasiva
b) Valorar la naturaleza del auditorio, incluidas las características susceptibles de cambio
c) Invertir su propia energía en la construcción y mantenimiento de la organización
d) Encarar en su propia vida los perfiles principales de la historia
e) Aportar liderazgo directo o encontrar el modo de conseguir influir por medios indirectos
f) Encontrar un modo de entender y utilizar una pericia cada vez más técnica
g) Prever y afrontar nuevas tendencias: tarea...cribar lo que se tiene que comunicar

Modos de educar al auditorio: pericia técnica+comunicación amplia, posibilitar una identidad individual y grupal. El vínculo con el auditorio es determinante, un líder no puede existir sin seguidores. Relación continuada, activa y dinámica. Cada uno es afectado por el otro. Si se quiere que el vínculo perdure líderes y seguidores deben trabajar juntos para construir algún tipo de institución u organización que encarne sus valores comunes.

Cierto ritmo de vida: contacto regular y constante con su colectividad. Pero a la vez conocer su propia mente, pensamientos, valores, estrategias. El líder debe tener tiempo para reflexionar. Poner distancia respecto a la misión. Los periodos de aislamiento son tan decisivos en las vidas de los líderes como los baños de multitudes (véase, grupos de música, políticos, etc.). La reflexión solitaria es una oportunidad de conocimiento de la propia mente.

Relación evidente entre historias y encarnaciones: liderazgo mediante historias o mensajes que comunican y mediante rasgos que encarnan. El líder concreto subraya alternativa unos y otros.

Einstein o Picasso son dos ejemplos de líderes indirectos por su maestría en el campo, en el sistema simbólico de la física y la pintura respectivamente. Por sus propios procesos y experiencias.

Los líderes son personas que pueden transformar los pensamientos, sentimientos y conductas de un número importante de personas. Los buenos líderes son los que logran sus efectos narrando relatos o encarnando relatos en su propia vida.

- Líderes narradores: enmarcar acontecimientos y posibilidades con el fin de ayudar a sus seguidores a concebir el mundo.
- Relato del líder: medio dramático que incluye protagonista, objetivos, estrategias, obstáculos que facilitan o frustran su consecución.
- El arte del líder es crear y refinar un relato que capte la atención y estimule el compromiso de los seguidores, produciendo cambio en ellos y comprometiéndose en el objetivo.
- Los líderes eficaces prestan especial atención a las reacciones de sus primeros públicos y refinan constantemente sus relatos.

Inteligencias de los líderes:

- El lenguaje, narrar y escribir.
- Gran capacidad interpersonal: comprender las aspiraciones y temores de los otros.
- Buen sentido intrapersonal: conciencia clara de sus objetivos, de sus puntos fuertes y débiles. Mucha reflexión.

- Aborda lo existencial: lugar en el mundo de sus seguidores, clarifican objetivos.
- Hacerse con el corazón y las creencias de las personas.

Líderes y creadores: los dos emplean la persuasión. Un creador contribuye a un relato en su campo. Un líder crea un relato sobre un grupo.

Un líder debe encarnar su relato en su vida cotidiana. Un creador debe encarnar su relato trabajando en su ámbito. La diferencia reside en la inmediatez: líderes de manera directa con su palabra y creadores de manera indirecta mediante su obra.

Un indicador precoz de liderazgo es que de joven se suele desafiar a la autoridad. Es decir, pueden sopesar alternativas y enfrentarse a los retos con tanta competencia como los líderes del momento. Los futuros creadores se enfrentan constantemente a sus enseñantes o mentores, siempre a través de sus obras, no frente a frente.

Creador por líder o líder por creador:

- Líderes: relatos simples, directos.
- Creadores: su audiencia está muy informada.

Por tomar decisiones y emprender acciones que influyan en el ámbito de mucha gente. Por reformar en su ámbito y en consecuencia en la sociedad a través de su obra.

Sabiduría: liderazgo y creatividad con modestia, humildad y moralidad.

1. La mente disciplinada. Trabajo constante en el tiempo para la mejora de habilidades y la comprensión. Básica para generar independencia de criterio y libertad de expresión. Similar al trabajo deliberado.
2. La mente sintética. Recopilación y evaluación de información decisiva para tener más objetividad.
3. La mente creativa. Disciplina+síntesis… nuevas formas de pensar. Plantear nuevas preguntas, proponer nuevas soluciones.
4. La mente respetuosa. Tolerancia y respeto. Entender y trabajar con los demás.
5. La mente ética. Para actuar desinteresadamente por mejorar el entorno. Ser buen conciudadano del mundo.

4.3. LA CREATIVIDAD EN LA GESTIÓN DEL TALENTO. KEN ROBINSON

Repensar la creatividad:

- Imaginación, proceso de pensar las cosas que no están al alcance de los sentidos
- Creatividad, proceso de desarrollar ideas originales que posean un valor. (imaginación aplicada)
- Innovación, proceso de poner en práctica nuevas ideas. (creatividad aplicada)

Todos tenemos potencial de creadores, el reto está en desarrollar ese potencial.

La creatividad también tiene que ver con el trabajo centrado en las ideas y en los proyectos. A la creatividad la sirven, la destreza, los conocimientos y el control. Muchas personas solo alcanzan el éxito después de recuperarse de su educación.

- Ser creativo: cuando las personas encuentran su medio, descubren sus auténticas dotes creativas y llegan a conocerse.
- Ser creativo implica ser generativo y ser evaluativo.

La creatividad es un dialogo entre las ideas y los medios con los que se le da forma.

- Quien no esté dispuesto a equivocarse es improbable que sea creativo.
- No se puede hablar de fallar, descubres lo que no funciona.
- Einstein: *"quien nunca haya cometido un error es porque nunca ha intentado nada nuevo"*

El pensamiento creativo significa derribar fronteras entre los distintos marcos de referencia. Dimensión del elemento: talento personal+pasión personal

- El descubrimiento del medio adecuado suele ser el momento decisivo de la vida creativa de la persona. Cuando la persona entra en su medio, descubre su verdadera fuerza creativa y se encuentra a sí misma.

"no soy lo que me ha ocurrido. Soy lo que voy a llegar a ser".

Carl Jung

La creatividad y los sentimientos

- La creatividad se sirve necesariamente de los sentimientos, las intuiciones, los conocimientos y las destrezas.
- Ser creativo no es sólo una cuestión de pensar, sino de sentir.
- Ser es sentir. Si la persona no existe objetivamente tanto como subjetivamente, no se es auténtico. Introspección personal.
- Fluir: momento de inmersión en algo que nos ocupa por completo todas nuestras capacidades creativas y se sirve por igual de nuestros conocimientos, sentimientos e intuición. Hay cierta excitación por/en el proceso.

La educación y la creatividad

- La educación no debe estar basada en los conocimientos, sino centrada en el niño:
- Desarrollarle en su totalidad. Integrar sentimientos, desarrollo físico, educación moral y creatividad.
- Conocerse uno mismo es tan importante como conocer el exterior.
- La educación debe ser un proceso de autorrealización.
- Desarrollo intelectual+desarrollo emocional-físico-espiritual.
- La educación debe partir de la experiencia, la curiosidad y el estímulo de las fuerzas del propio niño.
- La enseñanza de la creatividad estimula la autoconfianza, la independencia de juicio y la capacidad de pensar por uno mismo.

La creatividad fomenta:

- La indagación. La disposición a cometer fallos
- Estimula el pensamiento generativo
- La expresión de ideas y sentimientos
- La intuición
- La evaluación critica

Líder creativo: alentar atmosfera para que se generen ideas. Personas, relaciones, energía. Facilitar las capacidades creativas de todos y cada uno de los miembros de la organización.

- Líder creativo: facilitar la relación entre la cultura externa y la interna.
- Roles estratégicos del líder creativo: personal, de grupo y cultural.

Las dos piedras angulares del crecimiento personal son la individualidad y la autenticidad. Estilo de liderazgo basado en la psicología positiva: saber entender y expresar los sentimientos personales, saber relacionarse con los demás, comunicarse con claridad, con empatía, saber escuchar, y saber reaccionar a las situaciones nuevas de forma positiva y con sensibilidad.

Principios del liderazgo creativo:

1. Todo el mundo tiene potencial creativo.
2. La innovación se deriva de la imaginación.
3. Todos podemos aprender a ser más creativos.
4. La creatividad mejora con la diversidad.
5. A la creatividad le encanta la colaboración.
6. La creatividad requiere tiempo.
7. Las culturas creativas son flexibles.
8. Las culturas creativas son inquietas.
9. Las culturas creativas necesitan espacios creativos.

4.4. DESARROLLO DE COMPETENCIAS EMOCIONALES

El Desarrollo de Competencias emocionales para el entrenamiento y la competición tiene el objetivo de dar respuesta a la necesidad de maduración emocional del deportista y del equipo-grupo al que pertenece, algo cada vez más demandado desde los clubes deportivos de nuestro entorno sociodeportivo, un contexto sociodeportivo excelente, que precisa, en parte por esta condición, de este tipo de programas. El propósito tiene, por tanto, doble vertiente:

- Por un lado, la aplicación de la inteligencia emocional en el ámbito deportivo se hace imprescindible pues proporciona mejoras generales en el rendimiento deportivo. Hace que el deportista joven madure emocionalmente de forma más rápida y segura. Permite tomar conciencia de las emociones en este entorno, comprender los sentimientos de los demás, tolerar las presiones y frustraciones, acentuar la capacidad de trabajar en equipo y adoptar una actitud empática y social. Se trata de potenciar las competencias emocionales en relación con el entrenamiento y la competición deportiva.
- Por otra parte, debemos velar por el bienestar psicosocial y de salud física de los deportistas más jóvenes embarcados en competiciones de un nivel de rendimiento deportivo que demandan, en la mayoría de los casos, un requerimiento físico, técnico y so-

cioemocional muy elevado. Tanto, a veces, que el estrés que se genera obliga a potenciar el nivel de madurez emocional de los participantes para contrarrestarlo.

El rendimiento deportivo y las competencias emocionales están tan interrelacionados, que hace posible conseguir que el rendimiento en el entrenamiento y en la competición mejore en mayor medida cuando el deportista está motivado, controla sus impulsos, tiene iniciativa, es responsable y sabe manejar la frustración y el estrés de la mejor manera. Es decir, si tiene competencias emocionales.

En este sentido, la Inteligencia Emocional es ESENCIA y la Competencia Emocional es PRESENCIA, es aplicabilidad y practicidad de la inteligencia emocional.

Diversas investigaciones con adolescentes sugieren que la autovaloración positiva estimula el sistema emocional y motivacional de tal forma que las creencias positivas sobre sí mismo se asocian con un mayor afecto positivo y una persecución de objetivos importantes (Harter, 1999). Desde este punto de vista, una mayor autoestima puede funcionar como amortiguador de situaciones generadoras de estrés y ansiedad.

Objetivo

Desarrollar y potenciar las competencias emocionales básicas y específicas relacionadas con el entrenamiento y la competición deportiva en deportistas jóvenes de equipos con niveles de cierto rendimiento deportivo:

- habilidades de afrontamiento para el estrés y la ansiedad pre-competitiva y la propia de competición.
- habilidades de afrontamiento para superar situaciones de frustración y ansiedad y por consiguiente potenciar un mejor estado de salud y bienestar (optimismo, minimizar lo negativo, disfrutar de las relaciones de apoyo mutuo)

¿Por qué es importante la inteligencia emocional en el deporte?:

a) A nivel emocional: propicia la mejor orientación al logro de los objetivos, la competitividad, la identificación de valores del deporte y los personales, la autovaloración, el trabajo en equipo, el liderazgo, la empatía, el control de las reacciones y emociones negativas, entre otros.

b) A nivel físico: para saber organizarse, no obsesionarse con el deporte, tener momentos de descanso, gestionar el tiempo y los hábitos adecuados de alimentación.

c) A nivel social: para saber relacionarse mejor con el equipo, entrenadores, preparadores, y todas las personas que forman parte de un entorno sociodeportivo de cierto nivel de rendimiento.

d) A nivel racional: para mejorar el entendimiento del propio juego, así como de los aspectos técnicos y tácticos.

La inteligencia emocional (IE) en el ámbito deportivo cada vez es más necesaria ya que proporciona mejoras generales en el rendimiento deportivo y permite al deportista tomar conciencia de sus emociones y la de los demás, tolerar frustraciones y presiones, mejorar la capacidad de trabajar en equipo y adquirir actitudes de empatía.

Las emociones juegan un papel muy importante en los contextos deportivos y por ello, el desarrollo de las emociones tanto en entrenamientos como en competición pueden ayudar al deportista a conseguir una mayor maduración personal.

El término de inteligencia emocional, por tanto, hace referencia a la capacidad de reconocer nuestros propios sentimientos y los ajenos, de motivarnos y de manejar bien las emociones, en nosotros mismos y en nuestras relaciones. Por su parte, Sternberg (1997) establece que la inteligencia está muy vinculada con la emoción, la memoria, la creatividad, el optimismo y en cierto sentido con la salud mental.

Las emociones son el elemento clave que estructura el fluir de la vivencia inmediata. Las emociones nos proporcionan nuestro sentido inmediato de estar en el mundo. Facilitar el cambio de la persona es facilitar el cambio emocional.

Se debe aplicar en el momento adecuado, en el momento en el que se tienen activados los esquemas cognitivo-emocionales que subyacen a la dificultad que experimenta. A partir de lo que la persona dice y hace en la sesión.

Determinante el papel que juegan las estructuras cognitivo/afectivas internas (esquemas) y de los procesos (atender, simbolizar y reflexionar sobre la experiencia) implicados en la generación de experiencia y conducta en cada momento.

Las emociones constituyen un sistema de acción organizado, significativo y adaptativo. La función biológica de la emoción es asegurar la supervivencia y reproducción del organismo, ofreciéndole información sobre sus reacciones a las situaciones para conseguir una mejor adaptación y solución a los problemas.

Las emociones guían a las personas hacia la satisfacción de necesidades importantes y motivan una acción eficaz. Las emociones son manifestaciones ricas en información de un sistema de procesamiento complejo.

Al tomar conciencia de nuestras emociones y necesidades y al expresarlas, nos damos cuenta de la importancia que las cosas tienen para nosotros. Sabiendo cuales son nuestras emociones llegamos a conocernos verdaderamente.

Contenidos a aplicar en sesiones de inteligencia emocional

Las competencias emocionales, también denominadas competencias socio-emocionales, son un conjunto de habilidades que permiten comprender, expresar y regular de forma apropiada los fenómenos emocionales. Incluye conciencia emocional, control de la impulsividad, trabajo en equipo, cuidarse de sí mismo y de los demás. Esto facilita desenvolverse mejor en las circunstancias de la vida tales como procesos de aprendizaje, relaciones interpersonales, solución de problemas y adaptarse mejor al contexto.

Los contenidos básicos coinciden del todo con el planteamiento dimensional de Goleman (1995) que propone 5 factores:

1. Autoconciencia emocional. Conocerse
2. Autocontrol de las emociones. Manejarse
3. Automotivación. Automotivarse
4. Empatía. Reconocerse afuera
5. Habilidades sociales. Relacionarse

Se trata, por tanto, de percibir la emoción, de pensarla, comprenderla y regularla.

Las emociones básicas son **(ASTIMA)**:

Alegría

Sorpresa

Tristeza

Ira

Miedo

Asco

Competencias socio-emocionales específicas de cada factor a trabajar en las sesiones:

La competencia es el conjunto de conocimientos, capacidades, habilidades y actitudes necesarias para realizar actividades diversas con un cierto nivel de calidad y eficacia.

1.   Autoconciencia emocional

- Autoconocimiento personal general
- Conocimiento de las fortalezas y debilidades personales
- Toma de conciencia de las propias emociones
- Capacidad de percibir sentimientos y emociones
- Identificación y etiquetado de emociones y sentimientos
- Conocimiento y utilización del vocabulario emocional
- Capacidad de expresión emocional en grupo
- Conocimiento de la interacción emoción-pensamiento-comportamiento
- Autoconciencia de valores morales y ética personal y grupal

2.   Autocontrol de las emociones

- Conciencia y capacidad de autocontrol y regulación emocional
- Aumento de la tolerancia a la frustración
- Aumento de la tolerancia a la demora
- Autocontrol de la impulsividad (ira, violencia, comportamientos de riesgo)
- Habilidad para afrontar emociones negativas

3.   Automotivación

- Competencias para auto-generar emociones positivas
- Potenciar la Autoestima: tener una imagen positiva de sí mismo
- Potenciar la capacidad para automotivarse y tener una actitud positiva
- Potenciar el afrontamiento de retos
- Potenciar la capacidad de auto-eficacia emocional (aceptación de la experiencia emocional)

4.   Empatía

- Respeto por los demás: intención de aceptar y apreciar las diferencias individuales y grupales y valorar los derechos de todas las personas.
- Potenciar un comportamiento pro-social y de cooperación

- Aumento de la Comunicación receptiva
- Compartir emociones
- Conseguir un verdadero comportamiento de asertividad: capacidad para defender y expresar los propios derechos, opiniones y sentimientos, sin herir el de los demás.

5. Habilidades sociales

- Asumir la responsabilidad en la toma de decisiones
- Potenciar su capacidad de crítica constructiva
- Capacidad de identificar apoyos y recursos
- Aumento de las habilidades sociales básicas: escuchar, dar las gracias, pedir un favor, pedir disculpas, actitud dialogante, etc.
- Capacitarle para la resolución de problemas interpersonales y sociales. Capacidad de negociación.
- Mejora de la comunicación interpersonal horizontal y vertical.
- Capacidad para fijar objetivos positivos y realistas.
- Mejora de la capacidad de influencia. Conciencia y generación de liderazgo.

Para qué

a) Para aprender a identificar mis estados de ánimo y responsabilizarme de ellos
b) Autoconocimiento
c) Establecimiento de límites
d) Para mejorar mis relaciones interpersonales desde la empatía y la asertividad
e) Entendimiento de/con los demás
f) Para ser capaz de expresar de la mejor manera mis sentimientos
g) Comunicación

Los objetivos que se persiguen con la implantación de la Inteligencia Emocional son en el entrenador:

- Ser capaces de detectar casos de bajo desempeño en el área emocional.
- Identificar las emociones de los deportistas.
- Establecer relaciones positivas entre ellos.
- Enseñar a que identifiquen sus emociones.
- Prevenir conflictos interpersonales. Negociación de conflictos.
- Potenciar la escucha activa.
- Realizar un adecuado establecimiento de límites.
- Saber utilizar los refuerzos y castigos.

- Mejorar el empleo de los feedback e instrucciones.

Los objetivos que se persiguen con la implantación de la Inteligencia Emocional son en el deportista:

- Tener relaciones positivas.
- Conocer cuáles son las emociones y reconocerlas en los demás
- Tomar decisiones responsables.
- Modular y gestionar la emocionalidad. Clasificar sentimientos, estados de ánimo.
- Desarrollar la tolerancia a la frustración.
- Desarrollar la tolerancia a la demora. Saber esperar. Tener paciencia.
- Adoptar una actitud positiva ante la vida. Adquirir escucha activa y empatía.
- Saber resolver conflictos. Tener asertividad.

En cuanto a aptitudes personales (Inteligencia intrapersonal)

1. autoconocimiento

- conciencia emocional. identificar sentimientos y emociones
- autoevaluación
- autoconfianza
- autoestima

2. autocontrol

- autorregulación
- asertividad
- adaptabilidad. innovación. creatividad
- control de pensamientos y dominio de pensamientos negativos
- enfrentarse al estrés

3. automotivación

- afán de triunfo
- compromiso

En cuanto a aptitudes sociales (inteligencia interpersonal)

4. empatía

- comprensión del otro
- ayuda al otro. solidaridad
- aprender a escuchar, escucha activa

5. habilidades sociales

- Influencia-liderazgo
- Comunicación
- Manejo de conflictos. Aprender a resolver conflictos
- Interacción social. Colaboración-cooperación
- Trabajo en equipo. Trabajo cooperativo

Metodología

Metodología activa, participativa, experiencial y apoyada en dinámica de grupos coordinados por dos o tres profesionales titulados y con formación y experiencia en estas dinámicas. Con aplicación de herramientas tanto de la psicología cognitiva, humanista y conductual, como del coaching deportivo más actual. Metodología vivencial constructivista, por tanto.

Elias y Butler (1999) proponen una serie de pasos para la adquisición de competencias socio-emocionales y que nosotros llevamos a cabo en nuestras sesiones:

1) Romper el hielo. Actividad introductoria y orientadora para distender el grupo.

2) Introducir conceptos y definiciones previas. Repaso breve de los puntos esenciales de las clases anteriores, relacionándolos con situaciones de la vida real.

3) Introducir la habilidad a adquirir y motivar para que sea utilizada.

4) Describir y modelar la habilidad descomponiéndola en sus componentes elementales.

5) Memorizar los pasos elementales de la habilidad.

6) Practicar la habilidad con feedback continuo.

7) Transferir la habilidad a las situaciones de la vida cotidiana. Esto implica asignar tareas para realizar en todos los microcontextos donde se mueven los jóvenes y especialmente en el entrenamiento y la competición.

"Las personas con habilidades emocionales bien desarrolladas tienen más probabilidades de sentirse satisfechas y ser eficaces en su vida, y de dominar los hábitos mentales que favorezcan su propia productividad, su capacidad de concentrarse en el trabajo y de pensar con claridad ".

Daniel Goleman

5. LIDERAZGO EN LA ORGANIZACIÓN. CLIMA MOTIVACIONAL

5.1. EL LIDERAZGO Y EL CLIMA MOTIVACIONAL

El estilo de liderazgo determina el ambiente de trabajo de cualquier organización y requiere de unos valores compartidos: Ilusión, Sentido de pertenencia-identidad, Equilibrio, Implicación, Motivación, Coherencia, Aprecio.

El equipo es un estado de ánimo y las personas son los protagonistas de ello.

Qué influye en los estados de ánimo:

1. Sentido de pertenencia
2. Gestión de logros
3. Individualización
   - Reconocimiento
   - Sentirse eficaz
     - Dentro del equipo
     - Qué aporta cada uno
     - No sufrir agravios comparativos
4. Comunicación
   - Horizontal y vertical
   - no rumores
5. Saber por qué
   - visiones transmitidas
6. Apostar por el talento
   - empoderamiento
   - delegación
   - el talento
     - necesita su lugar, confianza
     - necesita otros talentos, libertad

Modelos de liderazgo:

a) Liderazgo total
   - Pros: muy competentes, mucha impronta
   - Contras: poco cooperativos

b) Líder moral (ejemplar)
  - Pros: motiva uno a uno. Reconoce el papel de cada miembro del equipo
  - Contras: menos talento

Otros modelos:

A. Liderazgo ideológico. Profesor
B. Liderazgo gestor. Funcional
C. Liderazgo político. Persona de club
D. Liderazgo ideal. Profesor+gestor+político

Otros modelos:

- Líder carismático. Inspirador
- Líder sereno. Grupal

"Las mejores organizaciones no lo son por contratar a los mejores, sino por establecer procesos y sistemas que animan a las personas a pensar, y permiten que ese pensamiento se ponga en práctica"

Stewart, 1998.

Los tres grandes retos de la organización:

1. globalización
2. innovación y
3. cambio.
- Es fundamental cambiar los sistemas de control por el compromiso y la inspiración.
- Para afrontar la innovación hay que involucrar a todo el equipo.
- Crear una cultura donde el cambio no debe ser una estrategia, sino objetivo asumido como necesidad.
- El éxito de un líder es la capacidad de trabajar con la emoción, el impacto y la inteligencia. Todo ello en un entorno de confianza.
- Comunicar tiene un componente de interacción, de escucha, de emoción. Informar no es comunicar. Comunicar mueve a la acción.

Factores de mayor impacto en el compromiso en la organización:

a) Comunicación interna
b) Formación-capacitación
c) Interés de la dirección
d) Conciliación vida laboral-familiar

Algunos autores que defienden en los liderazgos el autoconocimiento: sin reflexión, sin introspección, sin comprensión, sin aprendizaje, no hay innovación posible y ello implica Innovación y liderazgo. Intuición e inteligencia. Es lo que se denomina las claves de la genialidad:

- Deseo insaciable de satisfacer la curiosidad
- Capacidad para entender los sentimientos, valores y necesidades de los demás.

Por lo tanto, un liderazgo eficaz tiene que ver con:

1. Formar buenos equipos de trabajo
2. Tener claro los objetivos de la organización
3. Realizar una orientación al ciudadano
4. Tener una sistemática organizacional clara
5. Formar la organización como un sistema abierto
6. Organización como naturaleza en equilibrio dinámico.

Tiene que ver necesariamente con la visión. Intelectualmente, emocionalmente el líder tiene que inspirar, animar, transformar.

Proporcionar lo que se llama **reto compartido**. A través de las diversas capacidades condicionales relacionadas con esta función. Tomando como referencia los factores de liderazgo para el entrenador deportivo propuestos por Chelladurai y después por Bañuelos, en una de mis investigaciones sobre el liderazgo del entrenador propuse el peso de estas variables del líder, así como una definición cualitativa (Lapuente, 2005):

"Apasionado por su tarea, aprecia el detalle técnico, se considera capacitador de personas y entiende la exigencia y la afectividad como inseparables. Más que apreciado, es líder de sus deportistas, entre otras razones, por transmitirles ilusión, entrega, seriedad, y honestidad, respeto y conocimiento. Analiza todo, al punto de ser sistemático en su quehacer. Se considera sobre todo competente en la disciplina deportiva, aunque le interesan las relaciones humanas y valora las cuestiones de psicología deportiva. Se define como un entrenador con autoridad, sin ser duro, y por encima de todo habla de capacidad de esfuerzo y crea mucho compromiso. Prefiere competidores maduros y por ello les forma en un entorno de respeto y afectividad, pues según comentan ellos mismos. Le instruye en estrategias psicológicas para el entrenamiento y la competición. Crea los recursos necesarios para mantener una motivación adecuada. Intenta transmitir la mayor serenidad y equilibrio posible para generar autocontrol en sus discípulos. Y adecua intereses, expectativas, necesidades y motivaciones de to-

dos los componentes del equipo para conseguir compromiso y una razonable cohesión grupal".

En un equipo deportivo, el grupo no debe bloquear el pensamiento intuitivo y la espontaneidad de sus miembros. Donde el líder es el principal comunicador y donde su papel de emisor es tan importante como el mensaje en sí.

Los líderes son quienes coordinan y equilibran los intereses de todos los grupos que de una u otra forma tienen interés en la organización, incluidos el equipo de dirección, los demás directivos y todos aquellos que participan de la función de liderazgo.

Son enlace entre el equipo y el resto de la organización, con conocimientos sobre resolución de conflictos, habilidades de comunicación y grandes dotes de consenso.

La principal herramienta del líder es, entonces la asertividad y el manejo de conflictos.

Ser Asertivo es ser capaz de decir no, ser capaz de expresar tu opinión, ser capaz de comunicarte adecuadamente y ser capaz de defender tus derechos a la vez que se expresan coherentemente los sentimientos.

La asertividad es el proceso de expresar sentimientos, pedir favores razonables, dar y recibir una retroalimentación honesta. La capacitación en la asertividad consiste en enseñarle a la gente a adquirir formas eficaces de sortear varias situaciones productoras de ansiedad. Causas para la falta de asertividad son la ansiedad excesiva, el escaso roce social, la baja autoestima y el tener una mente rígida.

Un buen liderazgo requiere, por consiguiente, unos niveles mínimos de comunicación efectiva, donde el contenido de las relaciones debe estar tanto en el nivel intelectual (lenguaje verbal Información concreta, datos, ideas, etc.) como en el nivel emocional (lenguaje no-verbal, miradas, tonos de voz, gestos, actitudes, etc.

Enlace entre el equipo y el resto de la organización

- Conocimientos sobre resolución de conflictos
- Habilidades de comunicación
- Grandes dotes de consenso

La comunicación es la principal herramienta del líder: comunicación donde la asertividad y el manejo de conflictos son determinantes.

Ser Asertivo es:

- Ser capaz de decir no
- Ser capaz de expresar tu opinión
- Ser capaz de comunicarte adecuadamente
- Ser capaz de defender tus derechos
- Ser capaz de expresar sentimientos

Un ser humano asertivo, expresa sus opiniones y defiende sus derechos sin imposición ni sometimiento, y sin provocar rechazo en los demás, a los que escucha y atiende. Tiene comunicación fluida y solución de conflictos, y genera un clima favorecedor de relaciones armónicas y satisfactorias.

Estilos de comunicación:

1. Escuchar efectivamente
2. Impartir instrucciones claras y efectivas
3. Aceptar su cuota de responsabilidad en los problemas
4. Identificar el problema real
5. Administrar el tiempo, establecer prioridades
6. Otorgar reconocimiento por el desempeño excelente
7. Comunicar las decisiones a los trabajadores
8. Comunicarse efectivamente (en forma oral)
9. Cambiar las prioridades, si es necesario
10. Explicar el trabajo

Práctica deliberada

De poco sirve la mera repetición. La regla de las 10000 horas sobre el grado de pericia, tiene que ver con una práctica deliberada con feedback y concentración adecuadas e intensas.

El progreso en el trabajo deliberado requiere de un flujo continuo de pequeñas intuiciones creativas. Las intuiciones creativas florecen mejor cuando las personas tienen objetivos claros y también libertad en el modo de alcanzarlos. A la vez que tiempo libre suficiente para pensar. Este es el entorno más favorable para desarrollar la creatividad.

El distractor más poderoso para el ser humano es la charla intrapersonal que se da en nuestra mente. La verdadera concentración exige acallar esa voz interior.

Los expertos nunca dejan de prestar atención descendente, contrarrestando deliberadamente la tendencia del cerebro a automatizar rutinas. Se concentran activamente en los movimientos que todavía deben perfeccionar, corrigiendo lo que no funciona y ajustando modelos mentales...esto es, la práctica inteligente. La práctica inteligente requiere de una concentración óptima.

La empatía

La capacidad de conectar con el otro, escucharlo y prestarle una atención profunda. Es necesario conectar con las emociones.

Las emociones positivas

Las emociones positivas abren el foco de nuestra atención y nos permiten captarlo todo. Cuando nos sentimos bien, nuestra conciencia se expande desde nuestro foco egocéntrico habitual, para pasar a un foco hacia los otros.

A nivel neuronal, la visión positiva determina el tiempo que podremos seguir sosteniendo esta perspectiva.

Hablar de sueños y metas positivas estimula los centros cerebrales y nos abren nuevas posibilidades.

La mirada positiva aumenta el placer en la tarea y en el aprendizaje. Los atletas y actores más sobresalientes siguen disfrutando de su práctica diaria de su disciplina. Para esforzarnos necesitamos una mirada positiva. Hay que potenciar más lo positivo que lo negativo.

Si bien, no basta con el trabajo con los sueños, sino que también se requiere ejercicio de la conducta.

Las claves de la práctica inteligente son: combinación de alegría, estrategia inteligente y concentración.

La práctica del mindfulness fortalece la focalización, el control ejecutivo, la memoria de trabajo y la capacidad para mantener la atención.

El liderazgo

La mayoría de los jefes no realizan pausas en su tarea, los buenos líderes introducen espacios deliberados de reflexión.

Una de las principales tareas de liderazgo es dirigir la atención hacia donde se necesita. Ese talento depende de la capacidad de centrar la atención en el lugar y el momento adecuados para detectar las tendencias y realidades emergentes y así aprovechar mejor las oportunidades.

El liderazgo gira en torno a la necesidad de captar y dirigir eficazmente la atención colectiva. Equilibrar el foco interno con el foco en los demás más el foco en el exterior.

Los mejores líderes poseen una conciencia sistémica que les ayuda a responder a la continua pregunta de hacia dónde y cómo debemos dirigir nuestros pasos. Y tomada la decisión, saber transmitir con pasión y habilidad, y siempre con empatía cognitiva y emocional.

Si pensamos de forma sistémica, te ocupas de los valores, la misión, la visión, la estrategia, las metas, las tácticas, la evaluación, el feedback, de todo el proceso.

Líder inspirador es el que es capaz de articular valores compartidos que despiertan vibración en el grupo y lo mueven a la acción, lo motivan.

Pero antes el líder debe conocer sus propios valores y ello requiere autoconocimiento, automotivación y autocontrol e inteligencia intrapersonal.

La enfermedad más común en el liderazgo es no saber escuchar.

Si queremos sacar lo mejor de las personas, debemos escucharlas y aprender a escucharlas mejor. Que sientan que estas en ellos y con ellos.

Cuando careces de autoconciencia, pierdes la empatía.

5.2. NEGOCIACIÓN Y CONFLICTO EN EL EQUIPO

Las pautas fundamentales de cohesión de equipo y que el entrenador tiene que tener presente en todo momento son: conocer a los miembros (personalidad, cultura, educación, metas); potenciar cultura de trabajo en equipo; estimular identidad de equipo; favorecer compromiso común; establecer objetivos de equipo; hacer reuniones con líderes y realizar actividades complementarias.

El conflicto en el equipo se da por imposibilidad de que dos posturas consigan sus objetivos de manera simultánea. Es una situación con interacciones incompatibles.

Factores de cohesión de equipo son la participación, la responsabilidad, el compromiso, compartir objetivos y el respeto personal.

También son necesarios para una mejor integración del grupo el grado de aceptación de objetivos, el nivel de comunicación, la conformidad con las normas, la perseverancia ante la dificultad, la percepción de equipo, la satisfacción personal y sobre todo la motivación y estabilidad personal.

Obstáculos en la cohesión de equipo:

- Individualismo
- Desacuerdo en objetivos
- Confusión o ambigüedad de roles
- Ausencia de normas claras
- Problemas en la comunicación
- Excesivos cambios de miembros
- Intereses enfrentados
- Enfrentamiento entre diferentes líderes
- Incompatibilidad de personalidades
- Excesiva competencia interna

El conflicto no es malo en sí mismo. Siempre va a existir. El conflicto es necesario, si todo está como una balsa, estático, no hay innovación, pero si el nivel de conflictos es muy elevado, puede venir el caos y la desintegración del grupo.

El conflicto es necesario, ya que un nivel óptimo de conflictividad y tensión, hace que un grupo avance de forma saludable y positiva hacía sus objetivos.

Los tipos de conflictos pueden ser funcionales: confrontaciones positivas para el rendimiento (tensión creativa, que motiva) o disfuncionales: confrontaciones que perjudican.

Afrontar un conflicto no es fácil para algunas personas, cuando se ven en la necesidad de negociar con otros, algunas personas pueden sentirse inferiores o cohibidos ante el poder del otro. El conflicto funcional (constructivo) fomenta la innovación, creatividad y adaptación en las organizaciones, apoya las metas del equipo y mejora su desempeño. El conflicto disfuncional (destructivo) disminuye el nivel de productividad y el grado de satisfacción de los sujetos, sometiéndolos a presión y tensión.

Para realizar una óptima prevención del conflicto hay que reconocer y aceptar las diferencias, así como ser sincero con uno mismo y los demás, y no suponer siempre que uno está en lo cierto, no ponerse a la defensiva, escuchar atentamente a las personas y sacar una enseñanza de la solución de un conflicto.

El líder debe ante el conflicto:

- Saber elegir y delimitar las decisiones
- *Definir el problema sobre el que va a decidir*
- Plantear las distintas alternativas
- *Saber utilizar todos los estilos de toma de decisiones y alternarlos correctamente*
- La forma y el momento de la decisión es lo más importante

Pasos para la solución asertiva de los problemas:

a. Comunicar interés o empatía hacía la situación de la otra persona
b. Describir el área del problema específico sin evaluar o juzgar
c. Describir los efectos del área del problema en el equipo, la tarea o la misión
d. Pedir un cambio específico del comportamiento
e. Estar dispuesto a comprometerse

La gestión del cambio se conforma desde la satisfacción en el equipo, autonomía/iniciativa, relaciones interpersonales, reconocimiento y valoración, expectativas, desafío en el trabajo y presión e implicación.

Clima motivacional: el grupo no debe bloquear el pensamiento intuitivo y la espontaneidad de sus miembros.

Participación, adhesión, entrega, aceptación de responsabilidades, sentido de pertenencia, compartir y compromiso en la acción son también variables que deciden una mejor gestión del conflicto en el grupo. *"Ser auténtico significa estar de acuerdo con uno mismo y también con los demás".* Rioux y Chappuis (1979).

Para concluir, apuntar que el autocontrol emocional del líder significa:

- Plantear objetivos a largo, medio, corto plazo e inmediatos
- Elaborar la planificación adecuada a esos objetivos
- Planificar el tiempo de la organización y el suyo propio
- Conocer y controlar las situaciones estresantes de su profesión
- Preparación para rendir en la tarea

- Autoobservar y autoevaluar su nivel de activación antes, durante y después de la competición
- Dominar la autorregulación de su nivel de activación
- Tener estrategias para autocontrolar la atención
- Desarrollar habilidades de comunicación
- Dominar las habilidades de dirección
- Incorporar el análisis funcional a su método de evaluación
- Evaluar su propio rendimiento como entrenador

Resolución conflictos en el ejercicio del liderazgo.

El conflicto tiende a verse como una situación nueva de experiencia necesariamente negativa y sin embargo hay que tender a entender y tolerar la existencia de los conflictos y aprender a aceptar los conflictos. Todo conflicto supone una situación de crisis y cambio con disfunción en la que es preciso tomar una decisión y hacer algo para reconducir la situación dada.

El conflicto como crisis supone una ruptura y cambio, pero también una situación que puede y deber ser positiva. En ello hay que considerar primeramente que las acciones actuales ya no son eficaces y se necesitan desarrollar nuevas estrategias. El conflicto genera coste personal pero que también ofrece nuevas oportunidades que abren la puerta a nuevas situaciones. El conflicto bien manejado hace futuro positivo.

El conflicto puede surgir entre personas, en una misma persona, y en un grupo. En este último caso, se va a centrar en los conflictos que surgen la dinámica interna de un grupo y los que surgen entre diferentes personas. Los conflictos que pueden surgir en el seno de un equipo deportivo como en cualquier otro grupo humano.

En una situación de conflicto las personas suelen atender más a las consecuencias desagradables que se desprenden o que se pudieran derivar de dicha situación que a los problemas que surgen. Para ganar eficacia hay que entender y atender el problema en su globalidad de forma se consideren tantos los aspectos negativos como positivos. Hay que considerar tanto los costes como las oportunidades que lleve conlleva el conflicto.

El conflicto por tanto estimula y refuerza la reflexión sobre la propia conducta y la del equipo ya que activa la búsqueda de nuevas estrategias y formas de acción puede desarrollar las habilidades de negociación reventar la cohesión interna cambios fundamentales de liderazgo útiles para la organización o el equipo.

El coste que lleva la aparición de un conflicto en un equipo si es muy elevado puede provocar un alto coste personal en forma de estrés o desequilibrio emocional ya que los cambios de los objetivos suponen una difusión o contratiempo. De ello se pueden derivar reacciones impulsivas arrastrando al equipo y a las personas a decisiones erróneas con grave disminución del rendimiento por dispersar la atención, la energía y la motivación.

Pero los conflictos tienen un componente cognitivo importante. Una misma situación puede ser percibida de forma totalmente diferente por dos personas hasta el extremo de que una puede vivirla como un conflicto de grandes dimensiones y la otra ni siquiera pensar que pudiera tratarse de un problema. La conducta de las personas está determinada también por todos estos elementos cognitivos, por su forma de pensar, por la valoración que cada persona hace de su propia conducta. Igualmente está influida por elementos de conocimiento. La prevención y resolución de conflictos depende, por tanto, en gran medida de la personalidad y forma de ser de las personas, así como del afrontamiento del conflicto que se realice. Todo afrontamiento implica esfuerzo y dificultad sobre los conflictos.

Las diferentes formas de enfrentarse a los conflictos pueden ser:

- No afrontando, gritando, huyendo.
- Realizando un afrontamiento centrado en la realización de juicios de valor.
- Afrontamiento centrado en las emociones provocadas por los hechos.
- Afrontamiento centrado en la resolución del problema en modificar los hechos que dan lugar a la situación problemática ruta de afrontamiento más eficaz.

En el afrontamiento activo cognitivo se analiza el problema paso a paso y se estudian las diversas opciones del problema y se trabaja en la búsqueda de soluciones.

El afrontamiento activo conductual se solicita la opinión a otras personas y se actúa tratando de modificar la situación problemática con los implicados para lograr el consenso respecto a soluciones posibles.

En el tratamiento pasivo se espera que la situación de conflicto se resuelva sola y se recurre a acciones que ayuden a evadirse del conflicto.

Desconfianza y resistencia al cambio.

Un líder es un motivador de logro que tiene una actitud decidida para obtener el máximo de sus colaboradores y por ello necesita tener la suficiente empatía como para enfrentarse al problema y conseguir anticiparse a las circunstancias para modificar los comportamientos antes de que el entorno cambie y que se pueda crecer en armonía con el contexto cambiante. Cada etapa en un proceso de cambio tiene sus propias dificultades y por eso hay que tener en cuenta el desarrollo de las personas, así como sus creencias compartidas.

Ante lo obstáculos y barreras el desarrollo es una ventaja competitiva desde una cultura innovadora con estilos de liderazgo fundamentados en el desarrollo de grupo, así como en el autodesarrollo personal que es el ingrediente clave pues da protagonismo al sujeto incluido en el equipo.

El tipo de liderazgo por lo tanto es la clave del éxito en el desarrollo de las personas. Para un cambio en el proceso de transformación a largo plazo desmovilizando comportamientos negativos complejos. La innovación en el alto rendimiento requiere que se generen entornos que permita que las personas y los grupos se reinventen.

Obstáculos en la cohesión de equipo

- Individualismo
- Desacuerdo en objetivos
- Confusión o ambigüedad de roles
- Ausencia de normas claras
- Problemas en la comunicación
- Excesivos cambios de miembros
- Intereses enfrentados
- Enfrentamiento entre diferentes líderes
- Incompatibilidad de personalidades
- Excesiva competencia interna

Desarrollo evolutivo del grupo

- Individualismo-egoísmo
- Identificación-aceptación
- Integración-cohesión
- Aflojamiento-rutina

Conflicto es, por tanto, la Imposibilidad de que dos posturas consigan sus objetivos de manera simultánea. Situación con interacciones incompatibles. Si bien, como hemos visto, el conflicto es necesario. Hace que un grupo avance de forma saludable y positiva hacía sus objetivos.

Tipos de conflictos:

- Funcionales: confrontaciones positivas para el rendimiento (tensión creativa, que motiva)
- Disfuncionales: confrontaciones que perjudican

El entrenador debe ante el conflicto debe:

- Saber elegir y delimitar las decisiones
- Definir el problema sobre el que va a decidir
- Plantear las distintas alternativas
- Saber utilizar todos los estilos de toma de decisiones y alternarlos correctamente

La forma y el momento de la decisión es lo más importante. La satisfacción en el equipo genera:

- Autonomía/iniciativa
- Relaciones interpersonales
- Reconocimiento y valoración
- Expectativas
- Desafío en el trabajo y presión
- Implicación
- Aportación de cada individuo al grupo

El grupo no debe bloquear el pensamiento intuitivo y la espontaneidad de sus miembros.

El autocontrol emocional del entrenador:

- Plantear objetivos a largo, medio, corto plazo e inmediatos tanto para el entrenamiento como para la competición
- Elaborar la planificación adecuada a esos objetivos
- Planificar el tiempo de los deportistas y el suyo propio
- Conocer y controlar las situaciones estresantes de su profesión
- Preparación para rendir en la competición
- Autoobservar y autoevaluar su nivel de activación antes, durante y después de la competición
- Dominar la autorregulación de su nivel de activación
- Tener estrategias para autocontrolar la atención
- Desarrollar habilidades de comunicación

- Dominar las habilidades de dirección
- Incorporar el análisis funcional a su método de evaluación
- Evaluar su propio rendimiento como entrenador

Soluciones erróneas a las crisis.

Los elementos esenciales de la solución de conflictos o problemas son:

- la producción de conductas alternativas, y
- la decisión o conducta de elegir.

Actitudes y valores que incrementan la eficacia ante los problemas. Competir y ganar al problema. Es aconsejable afrontar los conflictos desde una actitud de superación para acabar superando la situación de ser capaz de gestionar de manera que se acabe ganando el problema. La solución de un problema consiste, entonces, en la formulación de nuevas respuestas que van más allá de la aplicación simple de reglas aprendidas. La solución de problemas hay que verla como un proceso de conducta por el que se elabora una serie de posibles acciones alternativas en relación, a la situación problemática.

Hay que tener una actitud positiva ante los conflictos. Los aspectos positivos ayudan a ser más tolerante a su existencia y hacer más eficaz en la resolución. Limitar la percepción subjetiva del conflicto cuando el conflicto está revestido de elementos subjetivos que distorsionan la situación. Se trata de percibir el conflicto en su auténtica dimensión.

En los conflictos personales es muy interesante implicar en el proceso de toma decisión pues aumenta el compromiso el acercamiento personal. Se trata de un enfoque en el tratamiento del conflicto unidad de aprender a partir de la situación dada. Es necesario delegar y apoyarse en colaboradores para el tratamiento de los conflictos. Esto es, en caso de los entrenadores, de los capitanes y de algunos delegados.

Encontrar la solución eficaz de estrategia. Hay que tomar decisiones eficaces y hay que buscar tiempo para analizar el conflicto y tomar positivas. Es conveniente ir creando la conducta colectiva de abordar los conflictos con actitudes positivas.

Conviene identificar el conflicto cuanto antes para afrontarlo y tomar decisiones eficaces.

Por lo tanto, las estrategias para resolver los conflictos desde una actitud práctica y eficaz hacen que se pierda el temor a los mismos y los problemas asociados disminuyen simplemente por llevarlos de otra manera. Hay que afrontar el conflicto con aportación de solución de tareas varias y de acciones que ayuden a tomar una decisión que revierta la situación problemática.

Las fases de la resolución de conflictos serán:

- eliminación de la percepción subjetiva
- explicar bien los hechos
- identificar a los actores de la resolución del conflicto
- animar en la búsqueda de soluciones
- tener paciencia en el proceso
- aceptar falta de implicación de algunas personas
- ir proponiendo soluciones eficaces y productivas

Finalmente hay que observar y valorar hasta qué punto ha cambiado la situación problemática y se ha resuelto el conflicto. Hacer una valoración socio psicológica de todo el equipo y a nivel individual.

5.3. COHESIÓN INTERNA

La cohesión interna se define como el campo total de fuerzas que actúan sobre los miembros de un grupo. Es un proceso dinámico en la persecución de metas donde los principales factores que la propician son:

- Participación
- Responsabilidad
- Compromiso
- Compartir objetivos
- Respeto personal

Así mismo es fundamental que exista un amplio grado de aceptación de objetivos, un buen nivel de comunicación, conformidad con las normas, así como perseverancia ante la dificultad y una percepción de verdadero equipo y de satisfacción personal. De esta manera la motivación y la estabilidad tanto grupal como individual quedan aseguradas.

Si bien son diversos los obstáculos en la cohesión de un grupo deportivo:

- Individualismo
- Desacuerdo en objetivos
- Confusión o ambigüedad de roles
- Ausencia de normas claras
- Problemas en la comunicación

- Excesivos cambios de miembros
- Intereses enfrentados
- Enfrentamiento entre diferentes líderes
- Incompatibilidad de personalidades
- Excesiva competencia interna

Por lo que las pautas a seguir cuando esto ocurre pasan por tener un perfecto conocimiento de los deportistas, de su personalidad, su cultura, su educación y sus metas. Es importante en este sentido potenciar una cultura de trabajo en equipo, estimular su identidad como tal y establecer unos objetivos compartidos.

Actividades como reuniones con líderes del equipo y la realización de actividades complementarias a la propia actividad deportiva influirán de forma positiva en la consecución de una cohesión óptima.

Hay que tener en cuenta en este punto que el desarrollo del grupo es una tarea que lleva tiempo donde se pasa irremediablemente por una serie de fases (Carrascosa, 2003):

- Individualismo-egoísmo
- Identificación-aceptación
- Integración-cohesión
- Aflojamiento-rutina
- Constitución
- Conflicto
- Normalización
- Ejecución

Es importante apuntar que la situación de conflicto en el equipo es una etapa más por la que se debe pasar y que en cualquier momento se vuelve a ella, por lo que no se tiene que tener ningún miedo a su aparición. Conflicto es la imposibilidad de que dos posturas consigan sus objetivos de manera simultánea. Situación con interacciones incompatibles. Pero el conflicto no es malo en sí mismo y siempre va a existir.

No sólo eso, el conflicto es necesario, pues sin él no hay innovación, hace que un grupo avance de forma saludable y positiva hacía sus objetivos sabiendo, no obstante que un nivel de conflicto elevado puede producir el caos. Los tipos de conflictos pueden ser de tipo funcional o de tipo disfuncional. En el primer caso nos referimos a confrontaciones positivas para el rendimiento, es decir, es tensión que motiva; en el segundo caso son confrontaciones perjudiciales donde la actuación del líder en su mejor resolución es clave.

El entrenador debe ante el conflicto:

- Saber elegir y delimitar las decisiones
- Definir el problema sobre el que va a decidir
- Plantear las distintas alternativas
- Saber utilizar todos los estilos de toma de decisiones y alternarlos correctamente
- La forma y el momento de la decisión es lo más importante

Analizar el campo de fuerzas mediante un proceso planificado:

- Razones que impulsan el cambio
- Inconvenientes a la implantación del cambio
- Información y formación
- Actitud individual
- Forma de organización
- Comportamiento del grupo

Las formas de minimizar las resistencias ante los cambios conllevan el esfuerzo de todos y un liderazgo basado en la comunicación, correcta y completa y en la asertividad o confianza en sí mismo, en hacer respetar nuestros derechos respetando los de los demás.

El clima motivacional es, por tanto, la percepción global que el deportista tiene del equipo que, a su vez, implica el grado de satisfacción que el deportista tiene en el grupo. Clima de confianza unido a los intereses de cada deportista que hace un proyecto colectivo con participación total.

La gestión del cambio tiene las características de:

- Satisfacción en el equipo
- Autonomía/iniciativa
- Relaciones interpersonales
- Reconocimiento y valoración
- Expectativas
- Desafío en el trabajo y presión
- Implicación

El clima motivacional sólo puede darse cuando concurren las condiciones de:

- Participación
- Adhesión
- Entrega
- Aceptación de responsabilidades
- Sentido de pertenencia
- Compartir
- Compromiso en la acción

Donde el profesionalismo se genera desde la cohesión a la tares, a la voluntad hacía el objetivo en común. Una cohesión social que significa compañerismo.

El entrenador es pues, quien debe hacer ver a cada individuo la aportación de cada uno al equipo. El grupo no debe bloquear el pensamiento intuitivo y la espontaneidad de sus miembros. Ser auténtico significa estar de acuerdo con uno mismo y también con los demás.

6. LIDERAZGO DESDE EL COACHING DEPORTIVO. LIDERAZGO TRANSFORMACIONAL

6.1. EL LIDERAZGO DESDE EL COACHING DEPORTIVO

El coaching consiste en apoyar a la persona para que consiga sus resultados. El término "Coach" equivale al del entrenador. El papel del entrenador como "Coach" tiene que ver con entrenar la forma física y las tácticas de la competición y además "extraer" lo mejor de cada jugador y del equipo como "sistema humano" realizando un trabajo de facilitación sobre las estructuras socioemocionales de los sujetos en individual y en formato grupal, como equipo. Debe existir una simbiosis entre Coach y pupilo. Apoyar a la persona para que identifique su objetivo. Aportar claridad sobre lo que quiere conseguir y sobre qué camino tomar, en el deporte y en la vida.

El coaching en la organización deportiva debe trabajar desde adentro y desde afuera del equipo e incluso del club. El coaching no es consejo ni inspiración, es transpiración, es decir, trabajo continuo en el que "Coach" y deportista tienen un papel activo de gran participación mutua. Una relación de coaching no solo está basada en la flexibilidad sino también en la confianza y responsabilidad. Confianza significa posibilidad de expresarse abiertamente sentirse valorados y respetados y no temer represalias ni traiciones.

Responsabilidad significa que ambos están comprometidos con los resultados del otro.

El proceso básico de coaching se apoya en la confianza y en la mejor relación, unido a unos objetivos realistas, un planteamiento de opciones, un plan de desarrollo, la revisión de todo el proceso y la evaluación de los resultados.

La actividad de "coaching" implica una visión holística del entrenador, integrando el trabajo, los valores de la organización, las necesidades personales y las del desarrollo de la carrera profesional".

Apoyar a la persona para que genere opciones, para que las evalúe y las ordene. El Coach es por la tanto un facilitador de aprendizaje que posibilita actividades y planteamientos de aprendizaje difíciles de desarrollar autónomamente por las personas a asesorar.

Competencias de un coach deportivo de equipo

a) Visión inspiradora y triunfadora

b) Capacidad de trabajar sistemáticamente en base a un programa predeterminado.

c) Liderazgo mediante el ejemplo

d) Capacidad para captar, desarrollar y "retener" talentos.

e) Sentirse y actuar como uno del equipo sabiendo gestionar la "distancia de intervención".

f) Disciplina y compromiso.

g) Capacidad de hacer crecer al equipo en base a compensar y "equilibrar por arriba".

h) Capacidad de impulsar la autoestima tanto individual como del equipo.

Se debe generar confianza y compromiso desde la responsabilidad compartida coach-coachee (sujeto-deportista en nuestro caso).

Hay que saber realizar un buen acompañamiento, ser guía del proceso:

1. Tomar conciencia
2. Querer
3. Saber
4. Saber hacer. Aprender haciendo
5. Hacer. Acción. Hacer aprendiendo

Sobre las metas y la situación actual, sacando las emociones y creencias haciendo protagonista al sujeto (deportista) desde su posición de responsabilidad, proactividad y compromiso. Para llevar a cabo el plan de acción con los mejores recursos y herramientas.

Las características del Coach-entrenador es necesariamente de honestidad, escucha activa, empatía y autenticidad. Escuchar más que hablar.

Las creencias básicas del coach son entonces que:

- Las personas buscan el bien y desean contribuir.
- Las personas hacen lo mejor que saben y pueden en cada momento.
- Las personas no son infalibles; cometen errores, pero la mayoría de las veces involuntariamente.

- Los errores pueden utilizarse como palanca de aprendizaje y mejora.
- La no-consecución de resultados de las personas puede ser consecuencia de sus propias creencias autolimitadoras.
- Las personas apoyan los cambios y compromisos que crean ellas mismas, no las que se le imponen.
- El control innecesario genera resistencia y resentimiento; las personas prefieren tener una guía o un facilitador, no un administrador ni un controlador.
- La aportación de los demás es más útil cuando realmente se desea y en su caso se solicita.
- Las personas aprecian la retroalimentación sincera y clara que se aporta de forma directa.
- Las personas buscan ser responsables, aunque eso signifique un esfuerzo adicional.
- La capacidad de aprendizaje de las personas no es lineal ni homogénea, sino discontinua.
- Las personas tienen un gran potencial a desarrollar que ni ellas mismas conocen.

No se trata de aconsejar, dirigir o enseñar sino de conseguir que el "coachee" visualice su interacción con su entorno y sus circunstancias de forma diferente, de manera que descubra nuevas posibilidades en su forma de ser y forma de hacer.

"El "coach" no es un solucionador de problemas, un maestro, un consejero, un instructor, ni siquiera un experto. Es un facilitador, un asesor, un elevador de conciencia..."
(John Whitmore).

El "coach" debe tener las preguntas adecuadas más que las respuestas un plan de desarrollo:

- Progresivo: alcanzando metas intermedias identificadas por el "coach" y el "coachee".
- Flexible: en base a las competencias que el "coachee" vaya obteniendo.
- Concreto: tiene que estar delimitado el objetivo. No es cuestión simplemente de reunirse.
- Trasparente: con responsabilidades y compromisos delimitados y sin "agendas ocultas".

- Confidencial: con un compromiso mutuo de confidencialidad.
- Programado: con un calendario prefijado y asumido por las dos partes.
- Desafiante: que exija un esfuerzo tanto al "coach" como el "coachee".
- Acotado: con un límite temporal prefijado.

En este sentido sus competencias son primero de tipo sistémico, que es sinónimo de profesionalidad. No se trata de impulsos y acciones esporádicas sino de trabajar en proceso. Uno de los elementos clave de la actuación del "coach" es el trabajo en los límites del sistema. Estar adentro y afuera. Cerca, al lado y por otra parte en la distancia que consigue sea reconocida una autoridad. La visión significa futuro; significa no-trabajar en el presente sino pensando en el medio y largo plazo:

"El ejemplo no es la mejor manera de educar: es la única"
(Einstein).

La idea es que confeccione un mapa de ruta: un conjunto de acciones ordenadas en una secuencia lógica y con la capacidad para llevarlo a conseguir los resultados deseados. Animar a la acción, a la toma de decisiones cuando no se termina de dar el paso: mejora del autoconocimiento, mejora de su autoimagen, potenciar recursos, buscar nuevos recursos, eliminación de bloqueos, motivarle a la acción, ayuda a evaluación de resultados.

Apoyar a la persona a generar un plan de acción innovador, que sea específico, medible y realizable. Somos lo que pensamos. Todo lo que somos surge de nuestro pensamiento. Con nuestros pensamientos hacemos el mundo.

El proceso básico de Coaching está basado en la suma de confianza y relación:

1. OBJETIVOS-faros
2. OPCIONES-brújula
3. PLAN-mapa
4. EVALUACIÓN
5. REVISIÓN

La actividad de "Coaching" implica una visión holística del líder, integrando el trabajo, los valores de la organización, las necesidades personales y las del desarrollo de la carrera profesional.

La visión significa **futuro**, significa no-trabajar en el presente sino pensando en el medio y largo plazo. "El ejemplo no es la mejor manera de educar: es la única" (Einstein).

El Coach es por la tanto un facilitador/a de aprendizajes. El "coach" debe tener las preguntas adecuadas más que las respuestas.

Competencias de un coach deportivo de equipo:

a) Visión inspiradora y triunfadora.

b) Capacidad de trabajar sistemáticamente en base a un programa predeterminado.

c) Liderazgo mediante el ejemplo.

d) Capacidad para captar, desarrollar y "retener" talentos.

e) Sentirse y actuar como uno del equipo.

f) Disciplina y compromiso.

g) Capacidad de hacer crecer al equipo.

h) Capacidad de impulsar la autoestima tanto individual como del equipo.

Visión: qué queremos ser. Expresado en forma intelectual, emocional, trascendente. Anima, inspira y transforma. Proporciona RETO COMPARTIDO.

La idea es que confeccione un mapa de ruta: un conjunto de acciones ordenadas en una secuencia lógica y con la capacidad para llevarlo a conseguir los resultados deseados.

Creencias básicas del coach:

1. Las personas buscan el bien y desean contribuir.

2. Las personas hacen lo mejor que saben y pueden en cada momento.

3. Las personas no son infalibles; cometen errores, pero la mayoría de las veces involuntariamente.

4. Los errores pueden utilizarse como palanca de aprendizaje y mejora.

5. La no-consecución de resultados de las personas puede ser consecuencia de sus propias creencias autolimitadoras.

6. Las personas apoyan los cambios y compromisos que crean ellas mismas, no las que se le imponen.

7. El control innecesario genera resistencia y resentimiento; las personas prefieren tener una guía o un facilitador, no un administrador ni un controlador.

8. La aportación de los demás es más útil cuando realmente se desea y en su caso se solicita.

9. Las personas aprecian la retroalimentación sincera y clara que se aporta de forma directa.

10. Las personas buscan ser responsables, aunque eso signifique un esfuerzo adicional.

11. La capacidad de aprendizaje de las personas no es lineal ni homogénea, sino discontinua.

12. Las personas tienen un gran potencial a desarrollar que ni ellas mismas conocen.

Apoyar a la persona a generar un plan de acción innovador, que sea específico, medible y realizable.

Animar a la acción, a la toma de decisiones cuando no se termina de dar el paso.

- Mejora del autoconocimiento
- Mejora de su autoimagen
- Potenciar recursos
- Descubrir nuevos recursos
- Eliminación de bloqueos
- Motivarle a la acción
- Ayuda a evaluación de resultados

Somos lo que pensamos. Todo lo que somos surge de nuestro pensamiento. Con nuestros pensamientos hacemos el mundo.

El entrenador como líder de equipo debe ser:

1. Organizador-planificador
2. Motivador
3. Guía-consejero
4. Conocimientos deporte
5. Habilidades enseñanza
6. Trabajo equipo
7. Creador clima de éxito
8. TENER LIDERAZGO

La metodología del coaching es, en definitiva, definir claramente el objetivo, para después ser aceptado y compartido:

a) Consciencia: como y donde estoy y donde quiero estar. Dar feedback al coachee de su estado.
b) Responsabilidad: depende de uno mismo viendo y sacando creencias limitantes y miedos.
c) Acción: empezando a caminar, si prisa, pero empezando la etapa.

El éxito o el fracaso de cualquier organización depende, en buena medida de la calidad de sus líderes. Las creencias, valores y expectativas personales que el entrenador tiene ante la vida, influyen en su forma de entender el entrenamiento y la relación con los deportistas, los directivos y los medios de comunicación.

Factores asociados al desarrollo de la pericia de los entrenadores (Jiménez, Lorenzo, 2005)

- Motivar a sus deportistas
- Comunicarse eficazmente con ellos
- Tomar decisiones trascendentes
- Orientar y coordinar los esfuerzos individuales
- Negociar con los deportistas
- solucionar conflictos
- evaluar con objetividad
- tener relación óptima con directivos y padres de deportistas
- actuar con sistemática

El estilo de decisión más apropiado en cada momento (Buceta, 1998):

- Urgencia de la decisión
- Calidad de la decisión
- Información de que dispone
- Complejidad del problema
- Conveniencia de la aceptación de la decisión por parte de los deportistas
- Evidenciar su poder
- Cohesión de grupo

Se debe tener en cuenta los cambios en el proceso de maduración del deportista, entender las emociones de los demás y controlar la propia, gestionar emocionalmente cada situación de éxito y fracaso

La competición es así misma:

- Oportunidad para mejorar
- Reconocer virtudes de los contrarios
- Respetar a quienes son peores
- Reorientar el trabajo
- Desarrollar sensaciones positivas
- Percepción de éxito orientada a la tarea (realización y no solo al resultado)

Importancia y necesidad del coaching compartido

Una premisa importante es tener en cuenta que el coaching abarca la ética, los valores, los significados, la racionalidad, la toma de decisiones en situación de conflicto, en suma, toda una complejidad de la vida humana que debe referenciarse necesariamente con una mirada a la filosofía.

Desde el coaching, indicar a nuestros coachees, que necesitan sobre todo diálogo más que un diagnóstico. Que es determinante comprender nuestra propia filosofía para ayudarnos a resolver y abordar muchos problemas. Evaluar las ideas que sostenemos para modelar un punto de vista que nos favorezca un cambio de creencias limitantes.

Actuar, por tanto, como un guía para sacar a la superficie las ideas propias y sugerir otras nuevas. Un acto donde emergen y se generan ideas y proyectos compartidos. Un acto donde se ayuda a las personas a comprender con qué clase de problema se enfrentan y, mediante el diálogo, desenmarañar todas las implicaciones. Tratarlo con un enfoque filosófico y vital compatible con su propio sistema de creencias y a la vez generando una nueva sabiduría que contribuya a una vida más exitosa y sana. Así como explorar cuestiones relacionadas con los valores, significado y ética de la vida.

Al fin y al cabo, el objeto del "asesoramiento" del coach es el presente (y mirada al futuro) más que el pasado. Es el diálogo, el intercambio de ideas en sí mismo, lo que resulta facilitador del mejor cambio.

Se trata de viajar tan ligeros de equipaje como sea posible. Conocerse a sí mismo, poner énfasis en los detalles y ser conscientes del entorno.

Ya Sócrates declaró: *"una vida sin reflexión no merece ser vivida"*. Y, por tanto, aboga por una evaluación constante y esforzada para mejorarse uno mismo de forma continua e infinita. Descubrir la esencia más íntima de nuestro ser. Hacerse la pregunta más básica y metacognitiva de todas: "¿Quién soy yo?" "¿Qué me hace ser yo?".

La condición más necesaria para ser un buen coach es la de saber escuchar, la de empatizar, la de comprender lo que está diciendo la persona a la que se acompaña en el proceso de cambio, de mejora. Unida a la posibilidad de generar nuevos puntos de vista y de que sobresalgan soluciones y esperanza.

El coaching es pues, una manera de estudiar y llegar a un acuerdo compartido sobre el problema en sí. Es más, un arte que una ciencia y siempre es diferente para cada individuo.

Realizar un óptimo proceso de coaching aplicado al desarrollo personal tiene las características:

1. No presuponer: Evitar centrarse en los supuestos o ideas dominantes respecto a lo que se piensa.
2. Suspender momentáneamente lo conocido o preestablecido.
3. No polarizar: Evitar centrarse únicamente en dos alternativas. Rechazar el pensamiento dualista.
4. Análisis evolutivo: Si el tema se discute en grupo, ha de señalarse un tiempo de duración para no divagar. Nombrar un moderador. No saltar de un tema a otro sin cerrar ninguno. Argumentar con exactitud.
5. Atención rotativa: Centrar la atención en cada una de las partes del tema o cuestión que se analiza.
6. Invertir el enfoque: Cambiar la perspectiva y el enfoque del tema para descubrir otras vías de análisis y resolución.

7. Aplicar lógica y sentimiento: Aplicar primero la lógica y luego los sentimientos, por separado (no mezclar razón y corazón). No introducir sentimientos personales o emociones en la fase de análisis y razonamiento.

6.2. EL LIDERAZGO TRANSFORMACIONAL

Líder transformador, que tiende al cambio:

1. CARISMA (capacidad inspiradora)
2. CONSIDERACIÓN hacía el individuo
3. ESTÍMULO intelectual

Su acción transformadora se relaciona con:

a) Identificación de situación de crisis. Brújula
b) Actitud serena. Carisma
c) Visión amplia. Creación
d) Contacto personal con los miembros del equipo. Respeto

Es fundamental transmitir la necesidad de cambio, así como generar un plan de acción, que para asegurarle hay que diseñar de forma realista un proceso de cambio con adecuada estrategia y ritmo, así como saber manejar los tiempos y el ritmo de aplicación.

Acción transformadora del liderazgo transformacional:

- Situación de crisis e identificación
- Actitud serena
- Visión amplia
- Saber miedos del equipo

Hay que saber pasar del círculo egocentrista a la espiral exocéntrica.

Como bien dice Antoine Saint-Exupèry en su "Principito": lo más importante es lo que no se ve.

"Lo esencial es invisible a los ojos"
Antoine Saint-Exupèry

En este punto se hace necesaria la inteligencia emocional y necesaria la metodología Coaching.

La influencia que ejerce el entrenador como líder del grupo deportivo es un aspecto muy importante de la socialización: su estilo de dirección, su conducta de apoyo social y refuerzo, la forma de instruir y la información y feedback que proporciona a los deportistas serán determinantes en el rendimiento general del deportista.

El Modelo Multidimensional de Chelladurai y Saleh (1978) conceptualiza el liderazgo como un proceso de interacción, sosteniendo que la efectividad del líder en el deporte está asociada a características situacionales tanto del líder como de los integrantes del grupo. De esta forma, el liderazgo efectivo varía en función de las características de los deportistas y de las limitaciones de la situación. De este modelo de escala de liderazgo para los deportes (LSS, Leadership Scala for Sports) de Chelladurai y Saleh ha surgido la adaptación y validación realizada por Sánchez Bañuelos (1996).

El liderazgo es a su vez un proceso conductual que influye sobre las actividades de un grupo organizado dirigido a obtener unas metas específicas. En este sentido la cohesión de equipo es determinante y el entrenador deberá tenerlo en cuenta. Según Schein (1970) se produce un contrato psicológico entre líder y seguidores, por el cual los miembros del grupo ejecutan las tareas y esperan ciertas recompensas implícitamente pactadas como reconocimiento, privilegios, etc. El refuerzo se convierte entonces en un factor concluyente en la relación del entrenador con el deportista.

El liderazgo significa también saber crear un sistema de creencias y valores en sus seguidores. El entrenador debe tener una concepción humanista de su trabajo, trabaja con seres humanos y debe saber manejar bien los sentimientos y la emociones.

El líder es un seductor que practica el arte de convencer, conjugando capacidades y voluntad en busca de un fin que nos proporcione sentido y satisfacción (Valdano y Mateo, 1999). La clave está en la credibilidad que impone el conocimiento y la pasión que provoca el seductor; sin pasión humanista no hay auténtico líder. El liderazgo se obtiene a base de sacrificio, experiencia y reflexión.

En los años de la adolescencia el factor motivador del técnico se combina con el grupo de iguales. A medida que la edad aumenta, el interés y el esfuerzo personales van adquiriendo mayor importancia; hay mayor autonomía personal y menor influencia del entorno. En el caso del entrenador, si no es capaz de tener en cuenta los cambios en el proceso de maduración del deportista podrá ser rechazado por este.

En definitiva, el entrenador es un madurador de personas, un profesional del desarrollo personal del deportista, un educador de sentimientos y emociones, un modulador de la conducta óptima del competidor, un transformador de lo inmaduro en equilibrio y armonía. Rendir y madurar constituyen juntos el modo y manera en que el hombre está determinado para devenir un hombre completo, para crecer, para madurar y para proporcionar su fruto.

El liderazgo tiene que ver con el esfuerzo permanente, con la capacidad de entender las emociones de los demás y controlar la propia. Saber gestionar emocionalmente cada situación parte del éxito que todo entrenador puede aportar a un equipo.

Conseguir que el deportista tenga una mayor madurez personal, una mayor inteligencia emocional (Goleman, 1996) o, según Arruza (Arruza, Balagué, y Arrieta, 1998) y Balaguer (Balaguer, 1994), una tolerancia psicológica más alta, es parte inherente a su función de entrenador y a realizar una enseñanza de calidad. Es condición indispensable para considerarle como un entrenador excelente.

El deporte, como la vida, es un proceso constante de transición y adaptación; cuanto mejor se sepa afrontar este proceso, más feliz y más sano será uno y más realizado te sentirás. El verdadero viaje está en el amor que sentimos por el viaje, no necesariamente en llegar a un lugar determinado. Ser el que tú quieres ser: eso es el éxito (Orlick, 2004).

"El entrenador juega aquí un papel de primer orden en la medida que sirve para dar confianza, es el ancla en el que se amarrará el deportista cuando así lo necesite. Es el faro que alumbrará las dudas del deportista ante aspectos del deporte o de su propia vida. Tomar conciencia de ello es imprescindible para poder guiar consecuentemente la carrera deportiva del deportista".
Orlick, 2004

El entrenador debe diseñar un ambiente que mejore el aprendizaje, la ejecución y el desarrollo del joven deportista, aumentando su motivación al ser evaluados por su mejor técnica y por su esfuerzo con un feedback y un refuerzo bien proporcionados.

Los agentes psicosociales de mayor influencia en la vida del joven deportista son los padres y los entrenadores. La autoestima del deportista se conforma a partir de las interiorizaciones de las percepciones de estas redes de apoyo social y su mejor o peor adaptación al entorno de la competición deportiva dependerá del desarrollo equilibrado de los procesos cognitivos, sociales y afectivos en su interacción con ese entorno. El complejo mundo de las relaciones humanas dentro de los equipos deportivos se nutre de un bien entendido sentido de la afectividad, que propicia el respeto mutuo, la estima recíproca hacia el esfuerzo, la comunicación entre todos y el continuo fluir de las emociones.

La forma de estructurar el entrenamiento define un clima motivacional contextual. En ellos deben darse situaciones caracterizadas por la competición interpersonal, la evaluación pública y retroalimentación normativa sobre el desempeño de las tareas que ayuden a que aparezca un estado de implicación personal. Según Cervelló (2002) el clima motivacional situacional es el responsable de la aparición del estado de implicación referido a criterios de éxito. Estos entornos que enfatizan el proceso de aprendizaje, la participación, el dominio de la tarea y la resolución de problemas tienden a fomentar la aparición de una implicación a la tarea.

El entrenador es un agente social, pues consideramos su función desde una perspectiva social-cognitiva, tanto por las variables personales como por las situacionales, que serán las responsables de los pensamientos, sentimientos y conductas de las personas. En los entornos de logro, los objetivos de logro, gobiernan las creencias sobre el logro y guían de forma consecuente nuestro comportamiento.

Las situaciones de estrés psicológico que genera el deporte actual son tremendas y la mayoría de los deportistas que presentan un rendimiento bueno y consistente son también los que están más maduros y sanos a nivel psicológico. Saben adaptarse a las situaciones de cambio, mantener autodisciplina y una actitud comprometida hacia su actividad.

El entrenamiento de la "emocionalidad" podría suponer, además de una mejoría en la calidad de vida, un óptimo estado del deportista frente al reto de la competición. Para estos autores inteligencia emocional tiene su origen en la inteligencia social, y definen esta última como "la habilidad para entender los sentimientos, pensamientos y comportamientos de las personas, incluido uno mismo, en situaciones interpersonales y actuar apropiadamente de acuerdo a ese entendimiento".

Inteligencia emocional y autorregulación son dos características de los deportistas expertos. Para Glaser (1996) la excelencia deportiva se consigue cuando el deportista llega a alcanzar las mayores cotas de autorregulación, y esto reclama necesariamente la intervención del entrenador, después los propios sujetos incrementaran su nivel de autorregulación y su toma de decisiones, para terminar, consiguiendo un elevado autoaprendizaje y gran compromiso con intervenciones cualificadas de los profesionales.

Según Goleman (1996), la capacidad de demorar los impulsos constituye una facultad fundamental para las habilidades sociales y emocionales. El término Inteligencia Emocional se refiere a la capacidad de reconocer nuestros propios sentimientos, los sentimientos de los demás, motivarnos y manejar adecuadamente las relaciones con los demás y con nosotros mismos.

Las personas que han desarrollado adecuadamente las habilidades emocionales suelen sentirse más satisfechos, son más eficaces y más capaces de dominar los hábitos mentales que determinan la productividad; eficacia y perseverancia a pesar de los contratiempos y las frustraciones que se presenten.

La productividad de las personas de Goleman es el rendimiento de los deportistas de "nuestro" entrenador excelente. Deportista y persona van unidas al igual que rendimiento deportivo y maduración personal se potencian bidireccionalmente. El rendimiento mejora más fácilmente cuando los entrenadores y los deportistas trabajan juntos para crear un clima positivo y comparten la responsabilidad de lograr los objetivos propuestos y de mejorar la comunicación de forma madura y responsable (Orlick, 2004).

"Ser experto reclama tiempo, trabajo, y correcta tutoría y supervisión técnica, aunado con la voluntad del deportista por querer llegar a lo más alto y por un dominio y conocimiento necesario para lograrlo".
(Ruiz Pérez, 1999).

Valdano en su libro *"Los 11 poderes del líder"* (2013) propone que los dos pilares de un líder son fundamentalmente saber de cuestiones técnicas y saber de seres humanos y aporta 11 poderes del liderazgo excelente:

1. EL PODER DE LA CREDIBILIDAD. Al que sabe, siempre se le respeta. Y saber con autoridad moral.
2. EL PODER DE LA ESPERANZA. Es mejor viajar lleno de esperanza que llegar. La importancia de ponerle ilusión al camino
3. EL PODER DE LA PASIÓN. Poner emoción a las cosas es ponerle vida. Un hombre apasionado es capaz de arrastrar a un equipo entero con su desbordante entusiasmo.
4. EL PODER DEL ESTILO. El estilo es la manera de ser. Estilo reconocible. Sucinto y fácil de entender. Mantenerse en el tiempo. Ser atractivo. Sustentarse en viejos relatos. Permitir aportaciones del equipo...y sensibilidad profunda.

5. EL PODER DE LA PALABRA. Comunicar: hablar y escuchar. El gran líder es un gran contador de historias que nos habla de identidad

6. EL PODER DE LA CURIOSIDAD. Quien tiene curiosidad no le tiene miedo al futuro porque se abre de un modo natural al cambio, a las ideas, a la innovación. Tener curiosidad es mantener vivo el deseo de aprendizaje y el único modo de mantenerse conectado al mundo.

7. EL PODER DE LA HUMILDAD. Un ego desbocado lleva a la destrucción del que lo padece y finalmente de los proyectos que dirige. El hombre humilde sabe compartir, sabe reconocer la importancia del otro y gracias a su generosidad se convierte en un referente.

8. EL PODER DEL TALENTO. En todo líder debe haber un pedagogo capaz de lograr que su discípulo se sienta único. Los buenos líderes promueven lugares propicios, dan libertad y confianza, promueven redes de talentos y exigen resultados.

9. EL PODER DEL VESTUARIO. Un equipo puede ser un buen lugar para exaltar las virtudes, o un buen escondite para no cumplir con las responsabilidades. Es en gran medida el líder quien lo decide.

10. EL PODER DE LA SIMPLICIDAD. La simplicidad nos remite a la pureza máxima. A lo esencial. Lo sustancial. Saint-Exupéry: "sabes que has alcanzado la perfección, no cuando no tienes más que añadir, sino cuando no tienes más que quitar".

11. EL PODER DEL ÉXITO. Cuando el liderazgo es eficaz, activa el profesionalismo, el optimismo, el espíritu de superación, las conductas solidarias. Éxito: talento, esfuerzo, creatividad, coraje y valores.

Por su parte, Ángel Gabilondo, en su libro *"filosofía del liderazgo"* nos dice que el buen líder es el que hace crecer. Capaz de construir en su entorno. Aspirar a ser alguien sencillo, que no simple: es muy importante no gustarse mucho pero sí quererse mucho, porque quien se gusta demasiado y no se quiere es desagradable. La plenitud de una persona es la sencillez, con sus complejidades, contradicciones y dudas:

- De ser honrado.
- Tener voluntad y desear. Si no se desea, no se llega a nada. No hay que confundir el deseo con las ganas.
- El liderazgo es la capacidad de organizar, y no tanto la de ordenar. La capacidad de ver y escuchar, de tener sensibilidad. De sintonizar.
- El liderazgo es la gestión del miedo. Estar dispuesto y tener coraje: insistir, persistir y resistir.
- El buen líder tiene mucho sentido del humor.

- El líder tiene la capacidad de escuchar, incluso lo que algunos no dicen. Escuchar no solo las demandas, sino también las necesidades.
- El liderazgo es una relación, el líder es para otros no para uno mismo, son los otros los que le eligen y reconocen.
- El líder debe decir lo que piensa, vivir lo que dice y hacer lo que dice y piensa el liderazgo es saber vincular, vertebrar, unificar.
- Debe ser convincente: capaz de mover, movilizar, motivar y emocionar. Los líderes tienen que ser seres de referencia, inspiradores. Influir con su sola presencia.
- El líder debe tener curiosidad ética, integridad y coraje.

7. EL EQUIPO DEPORTIVO COMO PROYECTO COMPARTIDO DE ALTO RENDIMIENTO

7.1. IMPORTANCIA Y NECESIDAD DEL COACHING COMPARTIDO

Sócrates declaró: "una vida sin reflexión no merece ser vivida". Y, por tanto, abogaba por una evaluación constante y esforzada para mejorarse uno mismo de forma continua e infinita. Descubrir la esencia más íntima de nuestro ser. Hacerse la pregunta más básica y metacognitiva de todas: "¿Quién soy yo?" "¿Qué me hace ser yo?". Y yo me conoceré más y mejor a mí mismo en función de los demás, en relación con los demás. En realizar un autoconocimiento compartido. Coaching compartido.

Una premisa importante es tener en cuenta que el coaching abarca la ética, los valores, los significados, la racionalidad, la toma de decisiones en situación de conflicto, en suma, toda una complejidad de la vida humana que debe referenciarse necesariamente con una mirada a la filosofía.

Desde el coaching, indicar a nuestros coachees, que necesitan sobre todo diálogo más que un diagnóstico. Que es determinante comprender nuestra propia filosofía para ayudarnos a resolver y abordar muchos problemas. Evaluar las ideas que sostenemos para modelar un punto de vista que nos favorezca un cambio de creencias limitantes.

Actuar, por tanto, como un guía para sacar a la superficie las ideas propias y sugerir otras nuevas. Un acto donde emergen y se generan ideas y proyectos compartidos. Un acto donde se ayuda a las personas a comprender con qué clase de problema se enfrentan y, mediante el diálogo, desenmarañar todas las implicaciones. Tratarlo con un enfoque filosófico y vital compatible con su propio sistema de creencias y a la vez generando una nueva sabiduría que contribuya a una vida más exitosa y sana. Así como explorar cuestiones relacionadas con los valores, significado y ética de la vida.

Al fin y al cabo, el objeto del "asesoramiento" del coach es el presente (y mirada al futuro) más que el pasado. Es el diálogo, el intercambio de ideas en sí mismo, lo que resulta facilitador del mejor cambio.

Se trata de viajar tan ligeros de equipaje como sea posible. Conocerse a sí mismo, poner énfasis en los detalles y ser conscientes del entorno.

La condición más necesaria para ser un buen coach es la de saber escuchar, la de empatizar, la de comprender lo que está diciendo la persona a la que se acompaña en el proceso de cambio, de mejora. Unida a la posibilidad de generar nuevos puntos de vista y de que sobresalgan soluciones y esperanza.

El coaching es pues, una manera de estudiar y llegar a un acuerdo compartido sobre el problema en sí. Es más, un arte que una ciencia y siempre es diferente para cada individuo.

7.2. SISTEMA COMPLEJO DE RELACIONES. MODELO ECOLÓGICO DE BRONFEMBRENER.

Uno de los parámetros más significativos para que un equipo sea de éxito en el alto rendimiento deportivo es que esté integrado en un contexto socioeconómico y cultural-deportivo excelente. Ello condiciona positivamente el que la sociedad perteneciente a ese contexto tenga una autoestima colectiva y sociopsicológica elevada que unida a un microcontexto de excelencia generado por un liderazgo transformador e inspirador generan un proyecto colectivo muy consistente y de calidad.

Todo está conectado y ello tiene que ver con la concepción sistémica, con abrir la mirada y el foco. Con generar una autoestima macro y micro de confianza desde la psicología colectiva.

El desarrollo se facilita a través de la interacción con personas que ocupan una variedad de roles y a través de la participación en un repertorio de relaciones que se amplía constantemente y que hace formar una identidad más compleja.

Los sistemas socio relacionales son sistemas complejos de interacción que actúan como modeladores de las conductas de asimilación y adaptación del sujeto. Lo que cuenta para la conducta y el desarrollo es cómo se percibe el ambiente más que la realidad objetiva: "si queremos cambiar la conducta, debemos cambiar los ambientes".

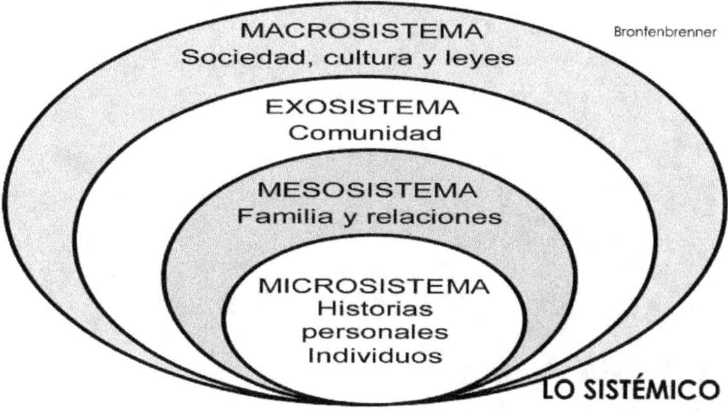

Para Bronfenbrenner (1987), "el desarrollo de la persona se ve afectado profundamente por hechos que ocurren en entornos en los que la persona ni siquiera está presente". Por ello, nos propone el modelo ecológico como medio para la detección de una variedad amplia de factores que influyen en el desarrollo de las personas. Bronfenbrenner hace hincapié en el análisis de los entornos o contextos en los que se produce el desarrollo del ser humano como determinante del mismo.

Lo sistémico es clave, por tanto, y un proyecto compartido de alto rendimiento. Crear un proyecto compartido desde un liderazgo inspirador y efectivo.

7.3. EL ESTADO DE "YECTO" DE MARTIN HEIDEGGER

El concepto de proyecto viene semánticamente de la unión de la palabra yecto y el prefijo pro. Según el filósofo Heidegger, yecto es lo que ocurre, lo que existe ahí afuera. El "estado de yecto" es, según el autor, estar "arrojado al mundo". Por lo tanto, pro-yecto es estar en favor de ese estado, proyectar es entonces preparar mi existencia.

Si no proyecto, sólo tendré ocurrencias. Realizando una analogía con los recorridos de viajes, viajar es tener ocurrencias y dar la vuelta al mundo es realizar un proyecto compartido de alto rendimiento. Proyecto, pues, es donde hay intención, necesidad, compromiso, compartición, entrega, voluntad. Preparar a un equipo para un campeonato es un gran viaje, un proyecto compartido que requiere el mayor rendimiento.

7.4. DE FAROS, MAPAS Y BRÚJULAS. SUEÑOS, EXPERIENCIA Y FORMACIÓN, GESTIÓN EMOCIONAL

Siguiendo este símil, nada mejor que alinear de la mejor manera nuestra misión con nuestros sueños y objetivos, enlazados para potenciar la relación desde los valores, desde nuestra actitud y gestión emocional.

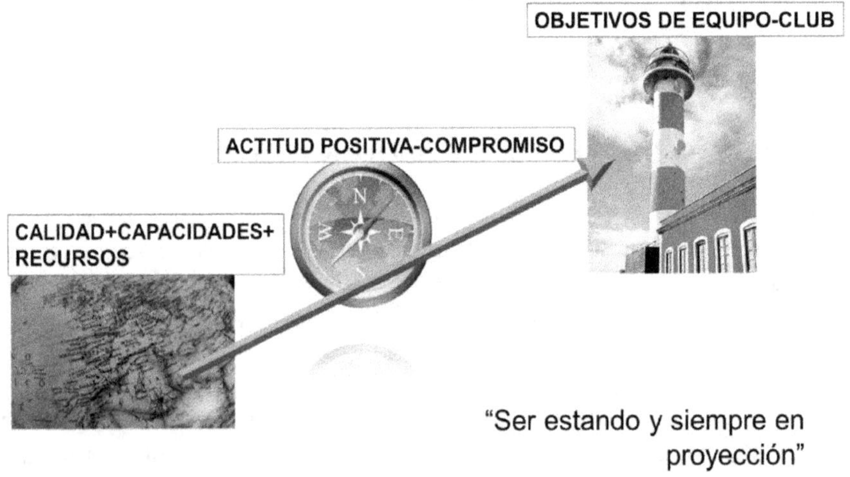

Se trata de alinear calidad, capacidades y recursos, con el compromiso generado y emergido, hacia el gran objetivo del equipo. Se genera con ello un proyecto procesado o proceso proyectado. Es un coaching procesual. Donde el equipo no es lo importante sino el propio proyecto. Proyecto estratégico y táctico. Con compromiso implícito y explícito. Con esfuerzo y entrega de todos los componentes. Donde la decisión y confianza mutua son valores necesarios ya que el compromiso es una obligación compartida.

Y para que ello eche a andar y se pueda llevar a cabo con las mayores probabilidades de éxito, hace falta un "propietario" del proceso, donde la funcionalidad sea más importante que la estructuralidad. Importancia mayor de las interrelaciones, emocionalidades que el organigrama y la posición jerárquica.

Un buen, gran entrenador, que unido a equipo y club desde los valores compartidos, eyecten dicho proyecto. Valores compartidos de generosidad, sentido de equipo, trabajo colaborativo, cooperación y cohesión.

Se trata de generar un proceso sistémico, sistemático, continuo, progresivo, ascendente, virtuoso y positivo. Unir futuro, presente y pasado en un continuo atemporal que lleve al trabajo deliberado del equipo a un estado eterno de fluidez hasta conseguir su gran objetivo.

Para ello nada mejor que la metáfora del globo aerostático en movimiento que se tiene que pilotar con precisión y pericia sabiendo que se es el viento el que te lleva. Ese viento que es análogo al entorno sociodeportivo, cultural, económico. Entorno no siempre a favor por lo que hay que aprovechar las corrientes térmicas positivas y realizar el mejor pilotaje con perseverancia, paciencia, templanza y decisión.

7.5. EL VIAJE DEL HÉROE DE DILTS Y GILLIGAN. EL PROCESO DE CONVERTIRSE EN MEJOR PERSONA

Tiene esto mucha similitud con el viaje del héroe de Gilligan y Dilts. Un camino de autodescubrimiento:

Pasos del viaje del héroe

1. La llamada
2. El rechazo de la llamada
3. Cruzar el umbral
4. Encontrar los guardianes
5. Afrontar y transformar tus demonios
6. Desarrollar el ser interno y nuestros recursos
7. La transformación
8. La vuelta a casa

1. La llamada: por un reto, por una crisis, por una visión o por alguien necesitado. Por sufrimiento o de inspiración y alegría. Situaciones. Personas. Partes de ti. Negativas. Que te atormentan. Identifica desafíos. ¿Qué te hace feliz? ¿qué te hace infeliz?
2. El rechazo de la llamada: se rechaza de principio porque es difícil, no se quiere.
3. Cruzar el umbral: responder a la llamada y comprometerte. Hay incertidumbre, pero hay que hacerlo. Es un reto crucial del viaje del héroe. Toma de conciencia. Objetivos concretos. Salir de zona de confort.
4. Encontrar los guardianes: distinguir entre héroe y campeón. Héroe es una persona normal al que la vida llama a una circunstancia extraordinaria. Campeón es el que impone el propio mapa del mundo a los demás. El campeón trata de dominar o destruir todo lo que es

diferente a su ideal del ego. Personas. Símbolos. Naturaleza. Lo que te inspire coraje, confianza, creatividad, conexión, determinación. Los guardianes son personas concretas: amigos, mentores, etc.

5. Afrontar y transformar tus demonios: lo que trata de bloquear tu viaje. El héroe busca la transformación de su relación con los demonios (adicción, depresión, etc.). El héroe se transforma a sí mismo y el campo relacional más amplio en el que vive. Es un viaje compartido. Búsqueda de recursos. Acción.

6. Desarrollar un ser interno: siempre transformación de uno mismo. Aprendizaje consciente.

7. La transformación: generar nuevos recursos para responder a los retos y afrontarlos con éxito. Éxito en tu viaje. Competencia inconsciente.

8. La vuelta a casa: compartir con los demás lo que has vivido. Pues el viaje (la transformación) se hace tanto para uno mismo, como para los demás. Los héroes suelen convertirse en profesores.

Un buen coach tiene claro que el viaje es el de su deportista, no el suyo. Nuestro trabajo no es ser el héroe de su viaje. En el viaje del héroe el objetivo no es derrotar el sentimiento difícil o la energía negativa, se trata de humanizarlos siendo uno mismo más humano.

El mayor regalo que se puede dar a otra persona es la calidad de tu atención. Vivir la vida como una gran aventura.

La ecuación de la felicidad de la Universidad College de Londres (UCL)

Y en este punto hay que añadir la Ecuación de la felicidad, basada en la mejor vinculación de expectativas y recompensas. Expectativas propuestas de la mejor manera con una alienación apropiada y ajustada de objetivo+gestión emocional+formación/experiencia, de tal modo que existan mayores probabilidades de consecución de esas expectativas.

Las recompensas irán alcanzándose en formato logro y/o en formato vivencia, análogo a las teorías sobre la motivación donde se aporta la motivación al logro y la motivación a la tarea.

"cuando es tan importante el camino como llegar a tu destino".

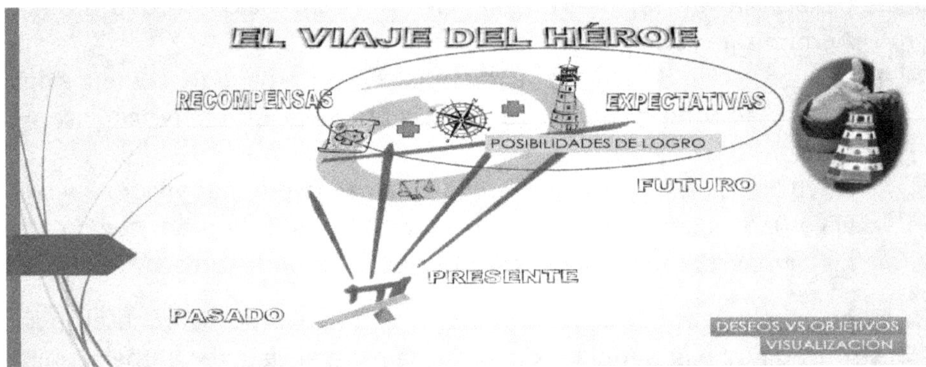

7.6. LA PRIMERA VUELTA AL MUNDO. ELCANO Y MAGALLANES

Elcano: "toda mi vida he ido en busca del horizonte, y acabé por darme cuenta de que el muy burlón nunca se alcanza, porque, cuando corres a por él, te engaña y te devuelve al sitio de donde partiste. Pero, claro, uno aprende al final que lo importante no es el destino, sino el viaje. Yo creo que el mundo es redondo para que nunca veas el final del camino".

Se trata de una historia de Vientos, Rumbos y Toma de decisiones:

1. SUEÑO
2. PARTIDA
3. EXPLORACIÓN
4. DESTINO
5. REGRESO
6. TRANSFORMACIÓN

1. **SUEÑO.** Liderazgo, voluntad, obstinación
   a) El momento
   b) La carrera exploratoria
   c) El proyecto. Sueño+oportunidad

2. **PARTIDA.** El valor de los fracasos está en la trascendencia de la búsqueda
   a) Los preparativos. Itinerario
   b) Los preparativos. Materiales
   c) Las personas

3. **EXPLORACIÓN**
   a) Rumbo al sur. La calma
   b) Lo desconocido. La incertidumbre y el miedo
   c) El punto de no retorno
   d) El Pacífico. La inmensidad. La oscuridad y el silencio

4. **DESTINO**
   a) Sin rumbo
   b) El destino. Elcano. Experiencia de servicio. Capacidad comunicadora. Capacidad de economía

5. **REGRESO**
   a) La larga travesía. El temporal. La anticipación
   b) El límite. Agotamiento y supervivencia
   c) La arribada. Impacto y balance
   d) La trinidad

6. **TRANSFORMACIÓN**
   a) Un mundo nuevo. Creado y encontrado.

7. **NUEVOS RETOS. NUEVOS SUEÑOS**

Logros y vivencias. La arena del desierto vs barro. Legado auténtico vs legado nocivo.

De esta manera se genera un flujo continuo, dinámico, armonioso de generarse expectativas recompensado en la identidad del sujeto en logros y vivencias. Vivencias que serán muy buenas y positivas, y vivencias que pueden ser negativas en principio, casi tormentas de arena, pero que deben interiorizarse positivamente como aprendizaje continuo.

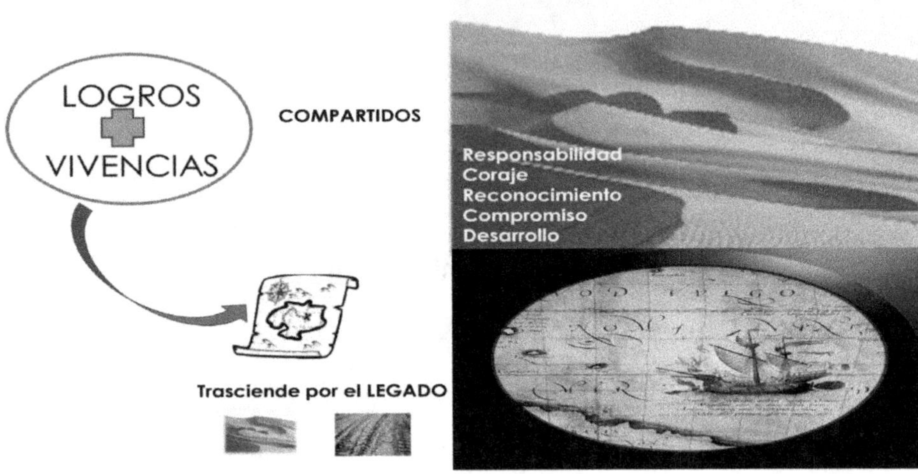

Finalmente, los logros y vivencias quedan insertados en nuestro mapa mental donde se unen formación y experiencia y que trascenderá a través de nuestro legado. Legado en vida en forma de referencia a los otros. Y legado trascendental una vez concluida nuestra presencia en la vida. Legado que seguirá en esencia presencial por recuerdo y aportación: arena del desierto. Arena del desierto muy fina símbolo de la esencia del viaje, del trayecto recorrido, muestra de lo que se ha sentido y vivido, de lo que te ha transmitido el entorno y la gente.

Y en este punto es donde cobra mayor sentido la brújula, que se agranda para convertirse en Roseta de los vientos del rendimiento deportivo desde la mejor aplicación de la gestión emocional.

7.7. LA ROSETA DE LOS VIENTOS DEL RENDIMIENTO DEPORTIVO

La gestión emocional se convierte en el modelo de viaje del héroe en multifactorial al generarse subfactores y acciones específicas de los cinco grandes factores de la inteligencia emocional.

De esta manera tenemos que:

1. Autoconocimiento
2. Autocontrol
3. Automotivación
4. Liderazgo
5. Conocimiento de los demás

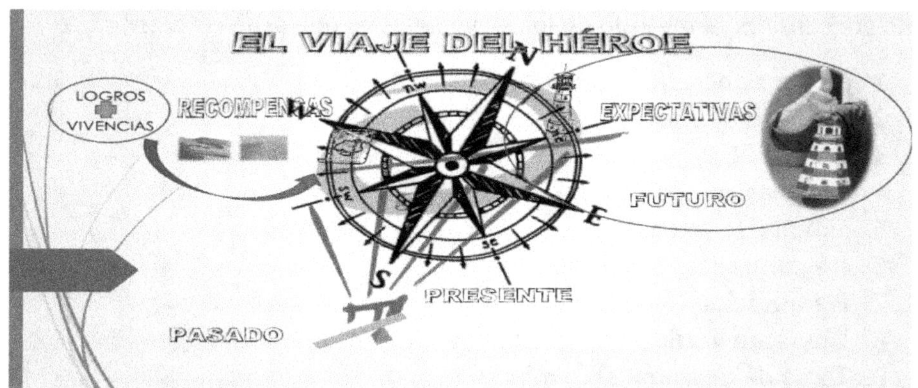

Se convierten en diversas variables y acciones que pueden asegurar una mayor concreción en la adquisición de inteligencia basada en las emociones.

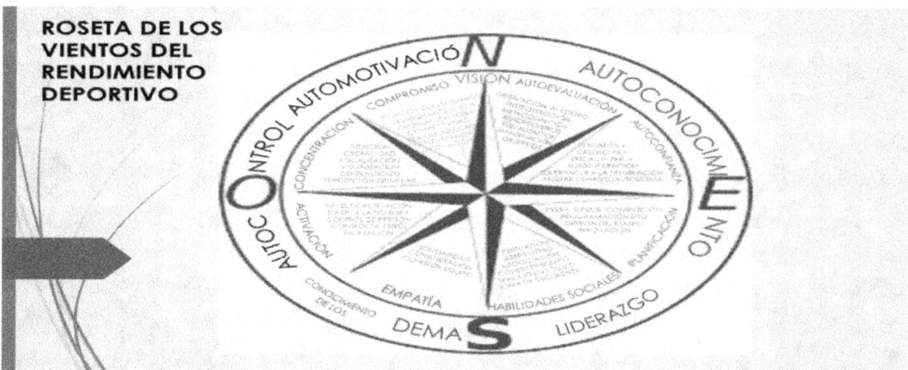

Por su parte, la programación neurolingüística (PNL) nos va a proporcionar un patrón interesante para la maduración integral del individuo uniendo pensamiento-lenguaje-acción. Relacionando los tres factores para que las creencias y evidencias se potencien y generen una mayor inteligencia emocional.

El entrenador debe detectar las barreras que impiden al talento deportivo descubrir su potencial, focalizando la atención y el trabajo en las creencias potenciadoras y en la eliminación de las creencias limitantes.

Desde el trabajo grupal, o dinámicas de equipo, debe tenderse a conseguir un proyecto colectivo con el mayor clima de confianza. Donde los factores de claridad y aceptación deben ser paradigmas para que la definición operativa y concreta de la tarea se realice en mejores condiciones y el grado de acuerdo de los diversos roles lleve a mejor puerto a ese equipo.

En este sentido, el método de los Navy Seals es una gran referencia:

1. Concordancia de objetivos
2. Esfuerzo de todos
3. No egos
4. Trabajar unidos
5. Simplificar tarea
6. Descentralizar el mando
7. Planificación
8. Liderazgo vertical bidireccional y horizontal
9. Toma de decisiones sin miedo
10. La disciplina genera libertad

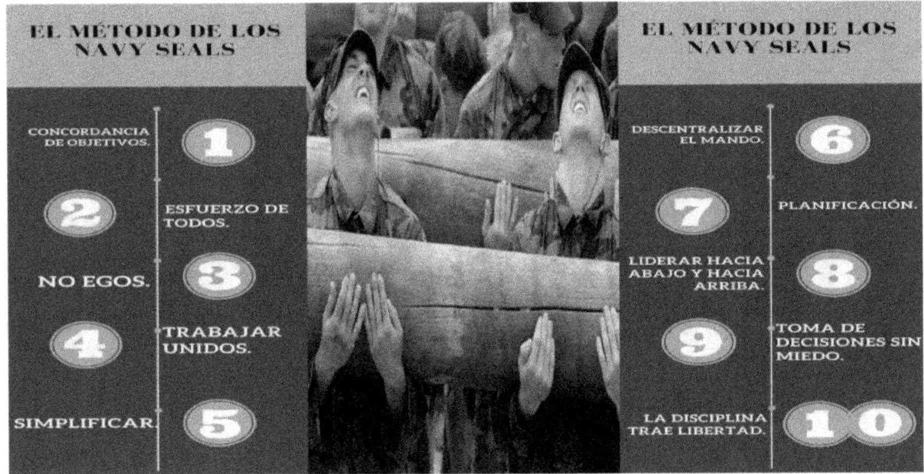

7.8. LA PALANCA DE ARQUÍMEDES DE LA PSICOLOGÍA POSITIVA

Y el paradigma se culmina con la Palanca de Arquímedes de la psicología positiva.

En física, la palanca es una máquina simple que tiene como función transmitir una fuerza. Está compuesta por una barra rígida que puede girar libremente alrededor un punto de apoyo, y se utiliza para amplificar la fuerza mecánica que se aplica a un objeto, para incrementar su velocidad o la distancia recorrida, en respuesta a la aplicación de una fuerza.

Como cualquier medio técnico, la palanca no es en sí ni buena ni mala, sino que lo es el uso que se haga de ella. Pero en cambio resulta útil verificar si el punto de apoyo sobre el que se asienta la palanca es o no conducente.

Arquímedes decía: *"Dadme un punto de apoyo y moveré el mundo"*. Es decir, que, con un punto de apoyo conducente y la respectiva palanca, es posible llegar a mover el mundo. Arquímedes dijo esto entendiendo que no existe tal punto de apoyo, pero extremando el ejemplo a efectos que se entienda el poder de la herramienta.

Si no podemos modificar las actitudes de los otros, al menos debemos actuar en nuestro microentorno, estar seguros de la firmeza de nuestro propio punto de apoyo para generar el punto de apoyo sobre el que la palanca producirá un efecto sobre la carga y así apalancar debidamente la situación general. Tenemos y podemos participar de un modo activo en modificar este punto de apoyo. Es probable que nuestra fuerza no alcance para mover esa carga tan grande, pero si desplazamos el punto de apoyo, con menor fuerza incluso, podremos con cargas negativas más potentes.

Debemos estar seguros de que nuestro punto de apoyo sea sólido; que resista los embates de los sucesos más previsibles, que no esté asentado sobre hipótesis débiles que más que hipótesis son deseos meramente voluntaristas.

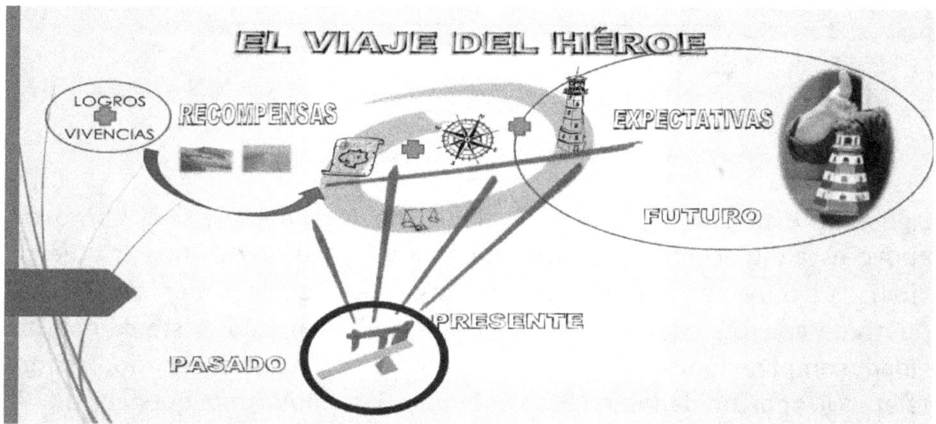

Si el punto de apoyo es sólido, si tiene en cuenta a todas las personas que me rodean, entonces daremos la razón a Arquímedes: *"**Dadme un punto de apoyo y moveré el mundo**"*.

La palanca, en nuestra gran metáfora del globo aerostático en el devenir pasado, presente, futuro, es la cesta, es donde estamos contenidos.

El punto de apoyo es la conciencia y la aceptación, es el presente más consciente.

El brazo de la palanca comprendido entre fuerza vital y punto de apoyo es el sumatorio de pasado y futuro, de experiencia unido a formación (mapa) más lo proyectado, el proyecto sobre el reto propuesto que deberá estar procesado en tareas y tiempos para mayor posibilidad de realización. Este brazo de la palanca es, asimismo, la suma de fortalezas y oportunidades, binomio de herramienta DAFO en su área positiva.

Por su parte, el brazo comprendido entre el punto de apoyo y la carga es donde se ubican las barreras y limitaciones, tanto percibidas como reales (con evidencias). Es la parte de las debilidades y amenazas, parte negativa de la herramienta DAFO de autoevaluación, autovaloración de condiciones y condicionantes.

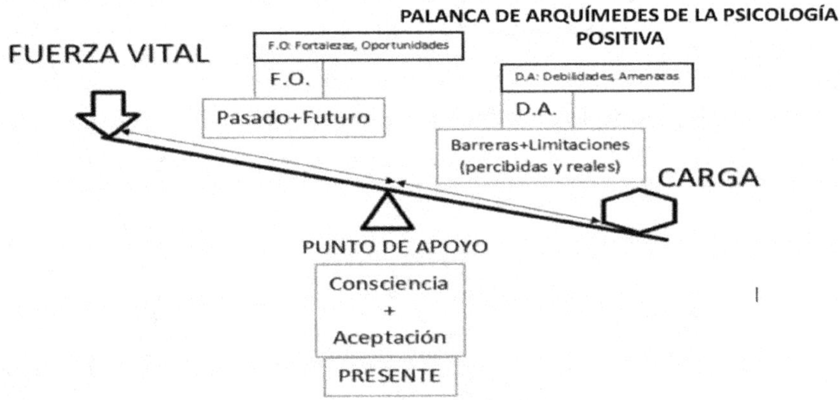

Siguiendo este paradigma de la palanca de Arquímedes, si el punto de apoyo está muy cercano al punto de aplicación de fuerza (nuestra fuerza vital), por muy pequeña que sea la carga, será difícil poder con ella. El punto de apoyo se desplaza hacía la fuerza vital cuando existe competitividad, comparación social y orgullo exacerbado. En ese escenario, las fortalezas y oportunidades quedan minimizadas, muy empequeñecidas. Y, por el contrario, el brazo de las barreras y limitaciones personales, se amplía y los temores, miedos y emociones negativas aumentan, se agrandan.

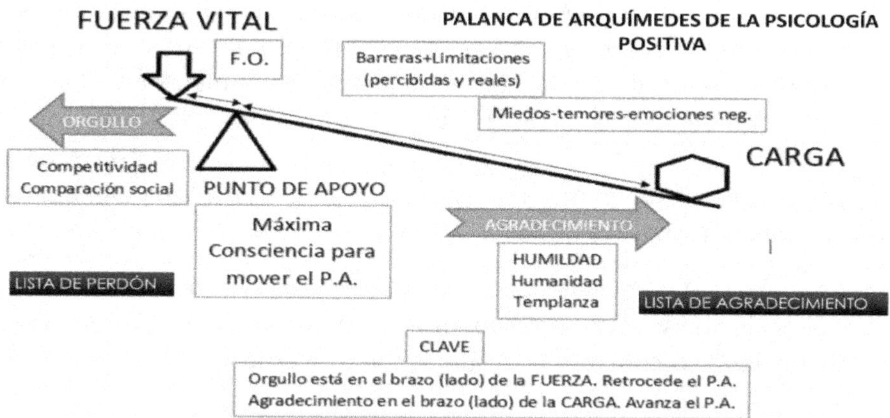

La clave, pues, está en que el brazo desde la carga al punto de apoyo sea el menor posible, lógicamente siguiendo el modelo de Arquímedes, entendible físicamente, pero que se entenderá del todo psicológicamente continuando con lo simbólico y metafórico. Si aportamos humildad, humanidad y templanza a nuestros actos, y participamos en dar más agradecimiento, en no tener orgullo, el brazo de palanca cercano a la carga disminuye, ya que habremos desplazado el punto de apoyo con nuestra decisión de ser y estar de esa manera en la vida.

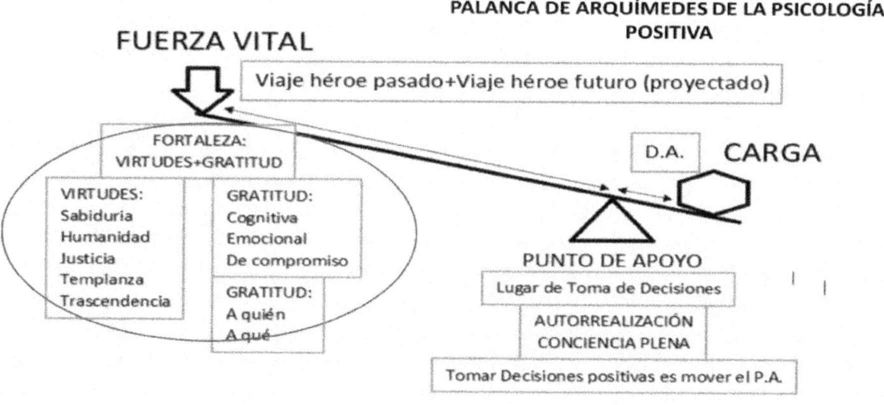

El punto de apoyo, lugar de toma de decisiones, de autorrealización, de conciencia plena, de desplazará casi sin sentirlo a pegarse a la carga, por la gran cantidad de virtudes y gratitud hacía uno mismo y hacía los demás. Gratitud de compromiso, tanto cognitiva como emocional. Virtudes como la sabiduría, humanidad, justicia, templanza y trascendencia. Trascendencia por dejar cada en cada momento, cada día y para la eternidad, un legado de amor, fraternidad, compañerismo.

En ese estado, en esa posición de palanca, el ser humano, puede con todo. "Sólo" habremos de ser capaces de desplazar el punto de apoyo con la mayor y mejor actitud ante la vida. Para lo cual, nada mejor que "ver, mirar, para admirar". Ser capaces de tener un buen nivel de activación, de observación, de estar atentos, de leer los estímulos de nuestro entorno. De llegar a admirar a los otros, desde la confianza, la valoración, el aprecio, la consideración, el respeto.

Ofreciendo lo que hemos llamado en este modelo la Arena del desierto, la mejor esencia de nuestro viaje, entregando lo que hemos sentido y vivido, proporcionando la conclusión de un proyecto compartido de alto rendimiento.

BIBLIOGRAFÍA

Barrow, J.C. (1977). The variables of leadership: a review and conceptual framework. Academy of management review, 2, 231-251.

Benzi, M., De Marco, P., y Omiso, C. (2004). La comunicación en el deporte: el individuo, el equipo y el entorno. En Tamorri, S. (Ed.), *Neurociencias y deporte. Psicología deportiva. Procesos mentales del atleta*. Barcelona: Paidotribo.

Boixadós, M., Valiente, L., Mimbrero, J., Torregrosa, M., y Cruz, J. (1998). Papel de los agentes de socialización en deportistas en edad escolar. *Revista de Psicología del Deporte, 7*(2), 295-310.

Bronfenbrenner, U. (1987). *La ecología del desarrollo humano.* Buenos Aires: Paidos.

Carrascosa, J. (2003b). *Motivación. Claves para dar lo mejor de uno mismo.* Madrid: Gymnos.

Coca, S. (2004). *Los entrenadores de fútbol.* Madrid: Real Federación Española de Fútbol. CEDIF.

Collison, C., y Parcell, G. (2003). *La gestión del conocimiento.* Barcelona: Paidós Empresa.

Cubeiro, J. C. (2007). *Leonardo da vinci y su códice para el liderazgo. Cómo el entorno, propicia la genialidad.* Madrid: Pearson educacion.

Chelladurai, P., & Saleh, S. D. (1978). Preferred leadership in sports. Canadian Journal of Applied Sport Sciences, 3, 85–92.

Davies, D. (1991). *Factores psicológicos en el deporte competitivo.* Barcelona: Ancora.

Dürckheim, K. (1996). *El rendimiento deportivo y la madurez humana.* Bilbao: Mensajero.

Ericsson, K.A.; Krampe, R.T.; Tesch-Römer. (1993). The Role of Deliberate Practice in the Acquisition of Expert Performance. Psychological Review, 100(3), 363-406.

Fuentes, J. P., Sanz, D., Ramos, L. A., Julián, J. A., y Del Villar, F. (2003). La relación de los entrenadores de tenis de alta competición con su contexto social profesional: influencia en el rendimiento deportivo del tenista. De www.rendimientodeportivo.com/N005/Artic022.htm

García-Ferrando, M., Ibáñez, J., y Alvira, F. (2003). *El análisis de la realidad social. Métodos y técnicas de investigación*. Madrid: Alianza editorial.

García-Ferrando, M., Puig, N., y Lagardera, F. (1998). *Sociología del deporte*. Madrid: Alianza Editorial.

García-Mas, A. (2001). Análisis psicológico del equipo deportivo. Las bases del entrenamiento psicológico. En Cruz, J. (Ed.), *Psicología del Deporte*. Madrid: Síntesis.

García, F. (2001). Ansiedad e indicadores de rendimiento en deportistas. Recuperado 12/12/04, De www.efdeportes.com/efd33a/ansied.htm

Goleman, D. (1996). Inteligencia emocional. Barcelona: Kairós.

Goleman, D. (1998). La práctica de la inteligencia emocional. Barcelona: Kairós.

Guzman, J. F., y García-Ferriol, A. (2002). Orientación de meta de los entrenadores y metodología de entrenamiento: implicaciones motivacionales. *Revista motricidad. European journal of human movement, 9*, 65-82.

Heidegger, M. (2012). Ser y tiempo. Trotta: Madrid.

Heinemann, K. (1999). *Sociología de las organizaciones voluntarias. El ejemplo del club deportivo*. Valencia: Tirant lo blanch.

Hernández, R. (1999). *Talentos deportivos*. Madrid: Centro de medicina deportiva. Consejería de educación y cultura. Comunidad de Madrid.

Hernández Mendo, A., Guerrero Manzano, S., y Arjona Arcas, J. F. (2000). Inteligencia emocional vs. inteligencia social: datos para un estudio con deportistas. Universidad de Málaga. Retrieved 02/12/2004, 2004, from the World Wide Web: www.efdeportes.com/efd23a/iemoc.htm

Lapuente, I. (2005). *Análisis de la relación de características de liderazgo del entrenador y capacidades psicológicas de los deportistas*. Trabajo no publicado para el Diploma de Estudios Avanzados, Facultad de Ciencias de la Actividad Física y el Deporte. UCLM, Toledo.

Lynch, J. (2003). *El nuevo entrenamiento deportivo*. Madrid: Tutor.

Marina, J. A. (1993). *Teoría de la inteligencia creadora*. Barcelona: Anagrama.

Marina, J. A. (2004a). *Aprender a vivir*. Barcelona: Ariel.

Marina, J. A. (2004b). *La inteligencia fracasada. Teoría y práctica de la estupidez*. Barcelona: Editorial anagrama.

Marina, J. A. (2007). Administración inteligente. En Díaz Méndez, A. y Cuéllar Martín, E. (Eds.), *Administración inteligente*. Madrid.

Martens, R. (2002). *El entrenador de éxito*. Barcelona: Paidotribo.

Martindale, R., Collins, D., y Daubney, J. (2005). Talent Development: A Guide for Practice and Research Within Sport. *National Association for Kinesiology and Physical Education in Higher Education*. (57), 353-375.

Mondría, J. (2006). El decálogo de la excelencia. Madrid: Díaz de Santos.

Moreno, M. P., y Del Villar, F. (2004). *El entrenador deportivo. Manual práctico para sus desarrollo y formación*. Barcelona: Inde.

Pallarés, J. (1998). Los agentes psicosociales como moduladores de la motivación en deportistas jóvenes orientados al rendimiento: un modelo causal. *Revista de Psicología del Deporte, 7*(2), 275-281.

Peiró, J. M. (1995). *Psicología de la organización*. Madrid: UNED.

Pérez, J. A., y Suarez, C. (2005). *La competición deportiva con jóvenes*. Sevilla: Wanceulen.

Pérez, M. C. (2004). *Entrenadores deportivos: la clave del éxito*. Sevilla: Wanceulen.

Riera, J. (1985). Introducción a la psicología del deporte. Barcelona: Inde.

Rius, J. (1995). *Formación de jóvenes deportistas*. Madrid: Ediciones pedagógicas.

Rogoff, B., y Wertsh, J. V. (Eds.). (1984). *Children's learning in the zone of proximal development*. S.Francisco: Jossey Bass.

Romero, S. (2001). *Formación deportiva: nuevos retos en educación*. Sevilla: Universidad de Sevilla.

Romo, M. (2007). Psicología de la ciencia y la creatividad. *Revista creatividad y sociedad., 10*, 7-31.

Ruiz, L. M. (1999). Rendimiento deportivo, optimización y excelencia en el deporte. *Revista de Psicología del Deporte, 8*(2), 235-248.

Ruiz, L. M., Rodríguez, P., Martinek, T., Schilling, T., Durán, L. J., y Jiménez, P. (2006). El Proyecto Esfuerzo: un modelo para el desarrollo de la responsabilidad personal y social a través del deporte. *Revista de Educación, 341*, 933-958.

Ruiz, L. M., y Sánchez, F. (1997). *Rendimiento deportivo. Claves para la optimización de los aprendizajes*. Madrid: Gymnos.

Sánchez, F. (1999). El deporte como medio formativo en el ámbito escolar. En Blázquez Sánchez, D. (Ed.), *La iniciación deportiva y el deporte escolar*. Barcelona: Inde.

Sánchez, F. (2005). *Conceptos y sistemas de desarrollo del alto rendimiento deportivo.* Universidad Autónoma de Madrid: Máster en Alto rendimiento deportivo.COE.

Sánchez, M. (2002). *El proceso de llegar a ser experto en baloncesto: un enfoque psicosocial.* Tesis Doctoral no publicada, Universidad de Granada, Granada.

Sanz, D., Fuentes, J. P., Moreno, M. P., Iglesias, D., y Del Villar, F. (2004). Influencia de un programa de supervisión reflexiva sobre la conducta verbal del entrenador de tenis en silla de ruedas de alta competición. *Revista motricidad. European journal of human movement, 12,* 115-135.

Schein, E. (1988). *La cultura empresarial y liderazgo.* Barcelona: Plaza y Janés.

Smoll, F. L. (1991). Relaciones padres-entrenador: mejorar la calidad de la experiencia deportiva. En Williams, J. M. (Ed.), *Psicología aplicada al deporte.* Madrid: Biblioteca Nueva.

Tamorri, S. (2004). *Neurociencias y deporte. Psicología deportiva. Procesos mentales del atleta.* Barcelona: Paidotribo.

Valdano, J., y Mateo, J. (1999). Liderazgo. Madrid: Aguilar.

Valdano, J. (2018). Los 11 poderes del líder. Conecta: Madrid.

Wolfenden, L. E., y Holt, N. L. (2005). Talent development in elite junior tennis: perceptions of players, parents, and coaches. *Journal of Applied sport psychology, 17,* 108-126.